돈 잘 버는 사장의 숫자 경영법

HONTOUNI MOUKERU SHACHOU NO OKANE NO MIKATA
by NOBORU KOYAMA
Copyright © 2010 NOBORU KOYAMA
Edited by CHUKEI PUBLISHING
All rights reserved.
Originally published in Japan by KADOKAWA CORPORATION Tokyo.

Korean Translation Copyright © 2014 by Sigongsa Co., Ltd.
This Korean translation edition is published by arrangement with by KADOKAWA CORPORATION Tokyo through CREEK & RIVER Co., Ltd.

이 책의 한국어판 저작권은 CREEK & RIVER Co., Ltd.를 통해 KADOKAWA CORPORATION Tokyo와 독점 계약한 ㈜시공사에 있습니다.

저작권법에 의해 한국 내에서 보호를 받는 저작물이므로 무단 전재와 무단 복제를 금합니다.

돈 잘 버는
사장의 숫자 경영법

| 경영자가 꼭 알아야 할 회계·경리의 모든 것 |

고야마 노보루 지음 | 정중용·심재용 옮김

알키

| 옮긴이의 글 |

지금부터 저희가 몇 년 전에 알게 된, 경기도에서 전자부품과 통신장비를 제조하는 S전자 주식회사 김 사장님의 이야기를 들려드리고자 합니다.

기술은 베테랑, 관리는 제로였던 김 사장님

김 사장님은 공고 출신으로 어렸을 때부터 기계에 관한 남다른 아이디어와 열정을 가지고 있었습니다. 그런데 하필이면 1997년, 우리 국민 모두가 IMF로 힘들었던 그 해에 주위의 반대를 무릅쓰고 창업을 했습니다.

김 사장님은 뚝심과 오기로 창업을 했지만 가진 것이라곤 아이디어와 맨주먹밖에 없었기에 온갖 고생을 할 수밖에 없었습니다. 그러나 시골에서 평생 고생만 하신 부모님을 생각하며 어떻게든 성공해야겠다고 마음속 깊이 다짐했습니다.

그러던 중 주 제품인 '서지보호기'의 기술력을 인정받게 되었고, 특허와 기술확보를 위한 노력을 거듭한 덕분에 벤처기업과 이노비즈 기업인증도 받게 되었습니다. 한국전력과 국방부 등으로 납품처가 확대되면서 2007년에는 최초로 연 매출 50억 원을 돌파, 2008년에는 드디어 5층 규모의 사옥(2011년 기준 감정평가액이 45억 원)도 마련할 수 있었습니다.

드디어 사옥에 입주하던 날, 김 사장님의 얼굴은 기쁨으로 가득했지만 동시에 가슴으로는 많은 눈물을 흘렸다고 합니다. 시골 출신에다 빈손으로 시작해서 그 자리에 이르기까지 겪은 설움이 복받쳤던 겁니다.

자금에 빨간 경고등이 켜지다

함께 고생해온 직원들과 옛 이야기를 하며 성공의 기쁨과 미래에 대한 자신감으로 충만해 있던 순간도 잠시, 2011년 7월 5일은 결코 잊을 수 없는 날이 되었습니다.

법원으로부터 회사의 회생절차 개시를 명령받게 된 날이기 때문입니다. 외부에서 볼 때는 회사가 승승장구하는 것처럼 보였지만, 내부적으로는 100억 원 규모의 빚이 있었고 갈수록 자금 사정이 악화되어 이자를 못 내는 일이 반복됐습니다. 그렇다 보니, 채권자들의 압박이 심해져서 결국 회생을 신청할 수밖에 없었던 겁니다.

무리하게 사옥을 구입하면서부터 자금 흐름에 경고등이 켜졌습니다. 35억 원의 신규 차입금에 대한 이자를 갚기에도 자금이 부족했지만, 당시 기술 개발도 멈출 수 없었기에 고정비 지출을 계속 늘려나갔던 것이 문제였습니다.

늘어나는 부채가 신경 쓰이긴 했지만 매출이 발생하면 다 해결되리라는 마음으로 버텼습니다. 그런데 결정적으로 2011년 초, 주요 매출처들의 예산삭감으로 주문이 줄자 더 이상은 버티지 못하는 한계점에 이르게 됐습니다.

설상가상으로 날아온 세금폭탄

김 사장님도 경리나 관리 업무의 필요성은 알고 있었습니다. 하지만 영업이나 기술 개발에 신경을 쏟느라 꼼꼼히 챙길 시간이 없었기에 '경리가 알아서 하겠지' 하며 담당자를 믿고 그에게 맡긴 겁니다. 매출이 오르고 사옥을 구입한 이후에도 기존의 관리 방식에는 변함이 없었습니다. 그렇다 보니 자금이 점점 부족해지기 시작했습니다.

설상가상으로 2012년 1월, 관할 세무서로부터 2007년부터 3년간의 부가가치세 조사에 대한 통지서가 날아왔습니다. 이때는 회생절차가 진행 중이어서 회사 사정도 어려웠고 더군다나 경리 직원도 퇴사해버려 세무조사에 대한 대응을 제대로 하지 못했습니다.

그렇게 몇 개월이 흘러 7월 초에 최종 부가가치세 부과결정문을 받았는데, 거기에는 3년 동안의 가공세금계산서 사용분에 대해 엄청난 금액이 고지되어 있었습니다. 가산세를 포함해 무려 28억 원!

김 사장님은 너무나 깜짝 놀라서 당시 경리 담당자였던 직원을 수소문해 통화했습니다. 그런데 그는, "세금계산서를 매입하면 세금을 줄일 수 있다고 해서 제가 절세방안으로 사장님께 말씀드렸던 내용입니다. 사장님의 결재를 받아서 처리한 것이니까 제 책임은 아니지요!"라는 말만 되풀이했습니다.

생과 사의 기로에 서서

기존의 빚 문제도 채권자들과 협상이 잘 안 되고 있는 상황에서, 다른 채무보다 우선으로 갚아야 할 세금 28억 원이라는 어마어마한 채무가 얹혀지자 김 사장님의 머릿속에는 '아, 이젠 정말 모든 것이 끝났구나'라는 생각만 들었다고 합니다. 자포자기의 심정으로 생을 포기하려 했지만, 아들만큼은 성공하는 것이 소원이라 말하며 시골에서 고생만 하다가 돌아가신 부모님의 얼굴이 떠올라 차마 실행에 옮길 수 없었다고 합니다.

김 사장님은 모든 일을 자초했다는 생각에 잠도 이루지 못하고 자신의 어리석음에 대한 후회로 숨조차 제대로 쉬기 어려운 나날을 보냈습니다. 그리고 마지막으로 이 상황을 어떻게든 극복해보기로 결정했습니다.

다시 찾은 사업가의 길

김 사장님은 주변 사람들에게 도움의 손길을 요청했습니다. 세무서를 포함해서 채권자들 한 사람, 한 사람을 만나 눈물로 애원하고 호소하기도 하며, 전문가들과 회사를 살릴 수 있는 대책을 논의하고 모색했습니다. 이러한 노력 끝에 드디어 2012년 11월 14일, 기적처럼 회생계획안에 대한 인가를 받을 수 있었습니다. 이 과정에서 '생과 사를 몇 번이나 넘나들었다'고 표현한 김 사장님은 '내가 좀 더 관리 업무에 신경을 썼더라면' 하는 뼈저린 반성과 후회, 더불어 커다란 가르침도 얻었습니다.

물론, 향후 10년이라는 법정관리 기간이 남았고 사업 정상화를 위해 극복해야 할 수많은 과제들이 있습니다. 그러나 기적처럼 주어진 제2의 인생을 살아가는 김 사장님은 지난날의 실패를 다시는 반복하지 않겠다는 결연한 의지로 자금과 경영 현황을 제대로 파악할 수 있도록 업무를 직접 챙기겠다고 했습니다.

또 회생절차를 10년이 아니라 조기에 졸업해 도움을 준 많은 사람들에게 보답하겠다는 각오로 그 누구보다도 진지한 마음으로 사업에 매진하고 있습니다.

비즈니스 문제
해결의 힘

앞서 말씀드렸다시피, 김 사장님에게는 가난으로 평생 고생하신 부모님에게 성공한 사업가로서의 아들 모습을 보여주고 싶다는 오랜 꿈이 있었습니다.

당시 저희는 법원에서 임명된 회생 조사위원으로서 다소 객관적인 입장에서 사장님을 대할 수밖에 없었지만, 한편으로는 멀어진 꿈 앞에서 좌절하는 그의 모습이 매우 안타까웠습니다.

그래도 "어떻게 하면 회사의 자금 관리를 잘할 수 있을까요?", "큰 회사들은 어떻게 관리 업무를 하나요?" 등 끊임없이 질문을 하는 김 사장님에게 다음 사항에 대한 몇 가지 조언을 드렸습니다.

✓ 경리 직원이 자꾸 그만두는 근본적인 이유와 해결책
✓ 세금폭탄을 피할 수 있는 기업 체질 개선법
✓ 위험인지 정상인지 확인하기 위해 평소 체크해야 할 항목들

사장님은 미처 생각하지 못한 부분이라 큰 도움이 되었다고 하셨습니다. 사장님을 보면서 저희 역시 큰 보람을 느꼈습니다.

기업의 목표 달성을 위한 기초

세무나 자금 관리를 잘하고 싶지만 어떻게 해야 하는지 몰라서, 또 어떤 위험요소가 있는지 몰라서 불안해하는 사장님들이 많습니다. 반면 경리 업무를 비전공자인 직원이나 가족에게 맡겨둔 채 별 다른 관심을 갖지 않는 사장님들도 많습니다. 경리나 회계 업무가 회사의 안정과 성장을 좌우하는 중요한 사안인데도 말입니다. 이러한 현실을 지켜보면서 우리 스스로에게 던진 질문이 있습니다.

'지금의 경리나 관리방식이 기업의 경영목표 달성에 정말 도움이 될까?'

또 다른 차원에서는, 현재의 일반 기장대행 서비스나 세무자문 정도로는 고객사를 돕는 데 한계가 있겠다는 생각도 들었습니다. 세무나 회계 같은 지원 업무는 최소한의 자원을 통해 효율적으

로 이뤄져야 합니다. 제때 정확하게 처리되지 않으면 회사에 큰 어려움을 가져올 수 있으므로 주기적인 확인이 필요합니다. 궁극적으로 관리 업무는 사업의 꾸준한 성장과 이익 향상을 위한 도구로 활용되어야 합니다. 따라서 다음 세 가지가 중요합니다.

- ✓ 첫째, 업무가 제대로 진행되는지 확인할 수 있는 시스템이 필요합니다.
- ✓ 둘째, 회사의 상황을 한눈에 파악할 수 있는 효율적인 관리 체계를 갖추어야 합니다.
- ✓ 셋째, 경영자도 회사의 숫자를 주기적으로 확인해 시기적절하게 필요한 조치를 취해야 합니다.

정말로 돈 잘 버는 사장의 실천 경영법

저희는 현장에서 수많은 경영자들을 만나게 되며 그들과 함께 일을 합니다. 저희가 만난 경영자들은 모두 회사의 경영 상황을 정확하고 빠르게 파악하고 싶어하며, 사업 목표를 단기간에 효과적으로 달성하는 방법을 알고 싶어했습니다. 그러기 위해서는 경리, 회계 및 세무 업무, 즉 숫자로 이뤄지는 업무에 대한 이해가 필수임에도, 이를 어려워하거나 대수롭게 여기지 않는 사장님들이 참 많습니다. 비효율적인 경리 업무에 대한 불편함과 세무조사에 대한 막연한 불안감을 떨치지 못하면서도 말입니다.

경영자의 밤잠을 설치게 하는 관리 업무의 애로사항은 무엇이며, 이를 극복할 수 있는 해결방법은 무엇일까요?

저희뿐 아니라 아마 이 글을 읽는 많은 사장님들이 알고 싶어 하는 내용일 겁니다. 경영자들에게 실질적인 도움을 주고자 관련된 정보를 찾던 중, 일본에서 유명한 경영자이자 경영컨설턴트인 고야마 노보루 대표가 쓴 《숫자에 주목하라》라는 책을 접하게 되었습니다. 경영자들이 회사의 숫자에 대한 감각을 키우는 데 도움을 주는 좋은 책이었습니다. 그래서 작가의 다른 책을 찾다가 일본에서 20년 동안 회사를 운영하면서 지금은 한국에서 마케팅 강의를 하고 있는 김정도 대표를 통해 《돈 잘 버는 사장의 숫자 경영법》이란 책을 추천받았습니다.

한국에 출간되지 않은 책이었기에 번역을 했고, 책을 읽으면서 경영 실무에 바로 적용할 수 있는 유익한 내용에 반하게 됐습니다. 특히 경리 업무와 관련해 고민하고 있거나 관리 업무를 효율적으로 개선하고 싶어하는 경영자들에게 도움이 될 만한 실천 노하우가 가득했습니다. 그래서 회사를 운영하고 계신 사장님들께 도움을 드리고자 이 책을 준비하게 되었습니다.

이 책을 읽는 독자들은 최소한 다음 세 가지는 할 수 있게 될 겁니다.

- ✓ 관리 업무의 프로세스를 간단하고 효과적으로 설계할 수 있다.
- ✓ 신뢰가 가는 자료를 바탕으로 직원들과 소통할 수 있다.
- ✓ 그 결과, 원하는 경영 목표에 좀 더 효과적으로 빨리 도달할 수 있다.

부디 이 한 권의 책을 통해 한국의 경영자들이 숫자 기반의 경영과 경리개혁으로, 망하지 않고 정말로 돈 잘 버는 회사를 만드는 데 큰 도움을 얻길 진심으로 바랍니다.

정중용, 심재용

| 여는 말 |

당신의 회사는
돈을 벌고 있습니까?

주식회사 무사시노는 제가 사장이 된 후 20년 동안 '증수증익增收增益'을 이어왔습니다. 특히 회사의 영업이익은 5년간 8배 이상으로 크게 증가했습니다.

이렇게 증수증익을 거둘 수 있었던 비결은 과연 무엇일까요? 그것은 제가 많은 시행착오를 겪으면서도 '회사의 돈을 보는 방법'을 익혔기 때문입니다.

또한 저는 '고야마 노보루의 실전경영학원'에서 지도하는 기업경영자들에게 재무상태표B/S, Balance Sheet (과거 대차대조표)와 손익계산서P/L, Profit and Loss Statement 만드는 법, 장기경영계획 세우는 법 등, 돈의 흐름을 이해할 수 있는 교육을 하고 있습니다. 그 결과 많은

무사시노의 업적 비교

(단위: 100만 엔)

구분	41기 (2004년)	42기 (2009년)
매출	2,998.1	3,520.3
매출원가	1,138.3	1,102.3
매출총이익	1,859.8	2,417.7
판매비 및 일반관리비	1,835.1	2,211.9
영업이익	24.7	205.9
영업외수익	16.4	18.7
영업외비용	18.8	29.2
경상이익	22.3	195.4

> "이익과 영업이익이 대폭 상승
> 영업이익은 8배 이상 증가"

기업이 '과거 최고 이익', '전년 대비 10배 이상의 영업이익'과 같은 쾌거를 이루고 있습니다.

제가 주장하는 돈 보는 방법의 핵심은, 고야마 노보루가 아니면 할 수 없는 것이 아니라 구조를 알면 누구나 할 수 있다는 것입니다. 이 책에서는 고야마 노보루 스타일의 돈 보는 방법을 소개하겠습니다.

무사시노의 실적과 경영 지도한 기업의 실적

(2010년 10월 현재)

무사시노의 실적

- ✓ 현재까지 적자가 된 것은 3기뿐
- ✓ 최근 5년간 영업이익 약 8배 증가
- ✓ 16억 엔의 차입금을 무담보로 사용 중
- ✓ 신용평가등급 '7'에서 '3'으로 대폭 상승

경영 지도한 기업의 실적(368개 사)

- ✓ 67개 사에서 과거 최고 이익을 기록
- ✓ 지금까지 지도한 기업 중 도산한 기업 없음
- ✓ 업적이 호전된 기업이 다수
  A사 – 5년간 영업이익이 10배 이상 증가
  B사 – 전년 대비 매출 평균 85%를 달성한 업계에서 108~110%로 초과 달성
  C사 – 7년간 매출이 4배 이상 성장

직원이 부정을 저지르는 것은 사장이 바보이기 때문이다

제가 경영지도를 하고 있는 A 사장이 상담을 요청했습니다. 그는 자신 회사의 돈 흐름이 이상한 것 같다고 말했습니다. 그래서

그 회사의 3분기 결산서를 검토해봤습니다. 그리고 저는 놀라운 사실을 발견했습니다.

회사의 경리가 부정을 저지르고 있었던 것입니다.

자그마치 금액이 3,500만 엔(약 3억 5,000만 원)이나 됐습니다.

사장은 경리 담당자를 고소하겠다고 했지만, 저는 그를 말렸습니다. 세무조사로 손해를 확정 짓고 증거를 남기는 것은 좋지만, 고소하는 것이 가장 좋은 방법은 아니기 때문입니다. 설사 담당자를 고소한다고 해도 이는 이렇게 말하는 것이나 다름없습니다.

"부정을 저지를 수 있는 회사를 만든 저는 바보입니다."
"부정을 간파하지 못한 저는 바보입니다."
"경리에게만 모든 일을 맡기고 있던 저는 바보입니다."

경리가 부정을 저지른 것은 '회사의 구조'가 좋지 않았기 때문입니다. 따라서 이 문제는 부정을 저지를 수 없는 구조를 만들지 못한 사장의 부정이라고 할 수 있습니다. 제가 운영하는 주식회사 무사시노는 부정을 저지를 수 없는 회사입니다. 저는 무사시노의 직원들을 믿지만, 직원들이 사장의 결정에 따라 제대로 일하는지는 믿지 않습니다. 그래서 직원의 일을 체크할 수 있는 구조를 만들었습니다.

물론 애초에 '부정을 저질러야지' 하며 작정하고 입사하는 직원은 없을 겁니다. 다만 오랫동안 같은 사람이 같은 일을 해오면서 한순간 마가 낀 것처럼 나쁜 마음이 생기는 겁니다. 따라서 사장 또는 직원끼리 체크할 수 있는 구조가 필요합니다.

체크할 수 있는 구조가 없으면 결코 일을 맡겼다고 할 수 없습니다. A 사장은 경리에게 일을 맡겼다기보다 경리를 그냥 내버려 뒀다고 보는 것이 정확합니다.

직원을 내버려두면 어떤 일이 발생할까요?

회사가 망합니다.

숫자를 경영에 활용하는 구조가 필요하다

회사 경영에 관한 저의 기본적인 목표는 '망하지 않는 회사를 만드는 것'입니다. 그러기 위해서 사장은 돈의 흐름을 '숫자'로 파악하고 있어야 합니다. 사장이 돈의 흐름, 즉 숫자를 보고 있지 않으면 회사는 망할 수밖에 없습니다.

하지만 사실상 사장들 중 90%는 자사의 돈이 어떻게 흘러가는지 모르고 있습니다. 왜일까요? 그것은 돈의 흐름을 파악할 수 있는 구조를 갖고 있지 않기 때문입니다. 그렇다면 회사를 망하지 않게 하려면 어떤 구조를 갖춰야 할까요?

✓ 정기적으로 경리 담당자를 바꾼다
✓ 경리과장에게 9일간의 유급휴가를 준다
✓ 경리에게 정확함을 요구하지 않는다
✓ 부문장에게 숫자를 관리하도록 한다
✓ 재무상태표와 손익계산서를 하루 만에 만든다

이와 같은 것들이 모두 회사를 망하지 않게 하는 구조입니다.

무사시노는 월말에 회사 돈의 흐름을 집계해서 익월 1일에 재무상태표와 손익계산서를 공개합니다. 따라서 전월의 회사 실적이 어땠는지 다음 달 1일에 바로 알 수가 있지요. 20년 전 무사시노의 경리 담당자는 네 명이었습니다. 그럼에도 불구하고 재무상태표와 손익계산서를 산출하는 데 '3주'라는 시간이 걸렸습니다. 그러던 중 저는 당시 직원 30만 명을 둔 M사가 실적을 3일 만에 산출한다는 이야기를 듣게 됐습니다. 그렇다면 직원이 200명에 불과한 무사시노가 못할 리 없겠죠. 그래서 경리 혁명을 결정했습니다.

저는 바로 경영계획 발표회에서 "재무상태표와 손익계산서를 2일 내로 산출하겠다"고 발표했습니다. 절반은 농담이었는데, 결국 해냈습니다. 그리고 지금은 이를 하루 만에 산출합니다. 심지어 경리 담당자가 두 명(한 명은 아르바이트생)밖에 없는 것은 물론, 둘 다 회계나 세무 관련 자격증도 없는데 말입니다.

돈의 흐름을 알 수 있는 구조를 만든다

회사 경영에서 중요한 것은 방법이 아니라 '결정'입니다. 결산서 작성을 하루 만에 하겠다고 결정하면 할 수 있습니다!

사람은 애초에 어떤 일을 못하겠다거나 무리라고 생각하면 노력도 하지 않게 됩니다. 실제로 못하는 것이 아니라 하기 싫은 것뿐입니다. 따라서 '한다'라고 결정해야 노력하게 됩니다.

회사 경영을 제대로 하려면 돈의 흐름, 즉 숫자를 하루 빨리 파악해 대책을 세워야 합니다. 무사시노는 이를 위한 개혁을 실시했습니다. 우리는 재무의 숫자, 매출과 이익, 영업의 숫자, 물류의 숫자, 노무의 숫자 등 실무에 도움이 되는 숫자를 파악할 수 있는 구조를 가지고 있습니다. 그렇기 때문에 망하지 않습니다.

이 책은 그동안 무사시노가 진행해온 다양한 경리 혁명, 즉 돈에 대한 개혁을 소개한 책입니다. 돈을 다루는 경리부서의 구조부터 재무체질 개선을 위한 구조, 직원 전원이 숫자를 공유하는 구조 그리고 장기경영계획에 의해 망하지 않는 회사를 만들기 위한 구조에 관해서 숨김없이 담았습니다. 부디 이 책이 중소기업을 운영하는 많은 분들에게 도움이 되길 바랍니다.

고야마 노보루

| 돈 잘 버는 사장의 숫자 경영법 |

장기경영

장기적으로 안정된 경영을 목표로 한다

직원에게 경영자 의식을 갖게 한다

손익계산서

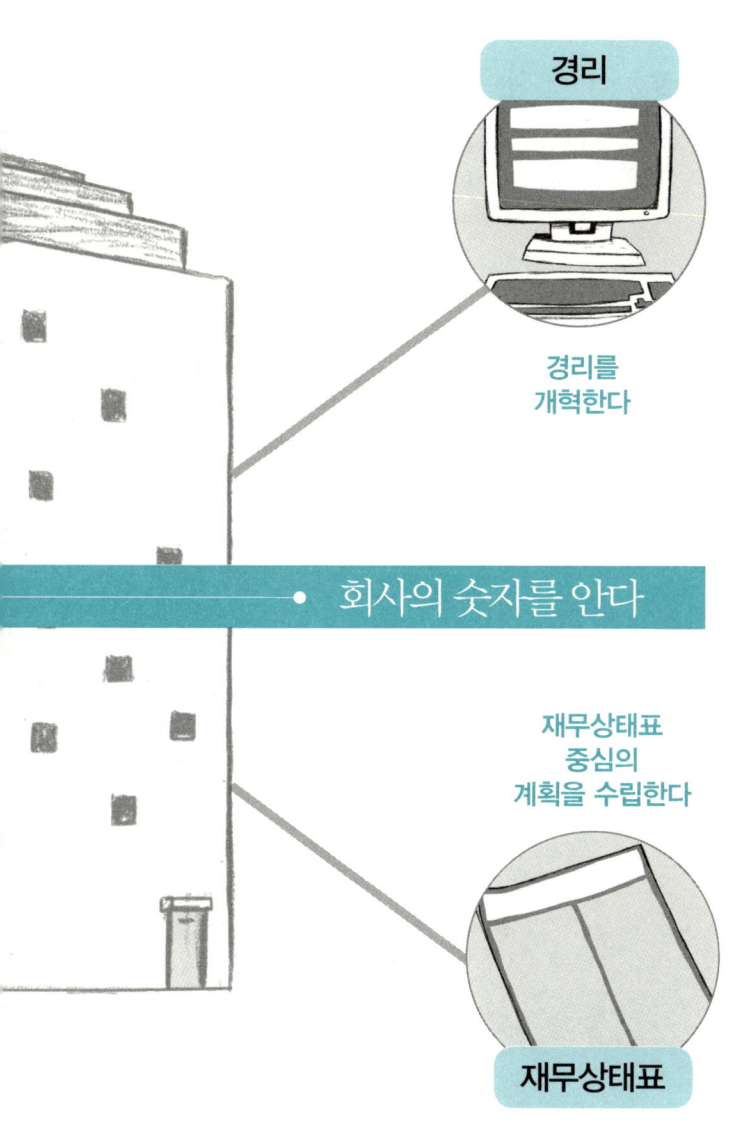

차례

옮긴이의 글　05
여는 말_ 당신의 회사는 돈을 벌고 있습니까?　15

서장_ 왜 숫자 경영인가?　29

1. 회사는 숫자로 파악하라
2. 비율이 아닌 금액으로 생각하라

제1장 사장의 첫 번째 결정:
경리를 개혁한다　45

1. 경리가 돈을 관리하게 만들지 않는다
2. 경리에게 전문성을 요구하지 않는다
3. 경리 업무를 전산화한다
4. 경리의 실행계획은 한눈에 보이도록 만든다
5. 경리의 업무를 줄인다
6. 손익계산서, 재무상태표는 하루 만에 만든다
7. 경리가 부정을 저지르지 못하게 한다

제 2 장 **사장의 두 번째 결정:**
재무상태표
중심의 계획을 세운다 91

1. 회사의 결산서를 재검토한다
2. 계정과목 구성 방법을 바꾼다
3. 불필요한 자산은 갖지 않는다
4. 재무상태표를 매월 확인한다

제3장 사장의 세 번째 결정:
직원들에게 경영자 의식을 갖게 만든다

1. 예산관리는 부서별로 한다
2. 숫자는 부서장이 발표한다
3. 회사와 개인의 이익을 연동시킨다
4. 매출총이익과 영업이익으로 직원을 평가한다
5. 일반 직원에게도 숫자를 철저하게 인식시킨다

제4장 사장의 네 번째 결정:
장기적으로 안정된
경영을 목표로 한다 149

1. 경영계획을 세운다
2. 경영계획은 역산으로 한다
3. 장기경영계획을 만든다
4. 이익을 잘 사용한다
5. 이익 사용법1: 신규 고객 확보에 투자한다
6. 이익 사용법2: 직원 교육에 투자한다
7. 이익 사용법3: 인프라에 투자한다
8. 이익 사용법4: 직원 만족을 위해 투자한다
9. 차입금과 세금에 대한 생각을 결정한다

|부록| 고야마 노보루의 결산서 용어집 199

서장

왜
숫자 경영인가?

회사는 숫자로 파악하라

    건강검진을 하면 신장과 체중, 혈당, 혈압에 관한 검사 결과가 모두 '숫자'로 나타납니다. 우리는 그 숫자를 통해 자신의 건강 상태를 알게 되며, '술을 지나치게 많이 마셨으니 앞으로는 삼가야지'라든가 '체중이 너무 많이 나가니 다이어트를 해야겠다'라는 식의 대책을 세웁니다. 만약 이러한 구체적인 숫자를 모른다면, 그래서 자신의 건강 상태를 정확히 알지 못해 생활 패턴을 개선하지 않는다면, 돌이킬 수 없는 질병에 걸릴 수도 있겠지요. 이처럼 건강을 유지하려면 몸 상태를 숫자로 파악해둘 필요가 있습니다.

    경영도 이와 같습니다. 경상이익과 수익력, 매출과 비용의 균형, 내부 유보와 자금의 융통 등 회사의 상태를 숫자로 파악할 필요가 있다는 것입니다. 사업을 어떻게 전개할 것인지, 얼마를 벌 것인지, 그러기 위해 무엇을 해야 하는지 등의 계획을 세우기 위해서 말입니다. 회사의 현황이나 나아가야 할 방향을 숫자로 표현할 수 없다면 대책을 세울 수 없습니다. 대책을 세울 수 없기 때문에 적자가 되는 것입니다. 나아가야 할 방향이 보이지 않기 때문에 되는대로 하는 경영으로부터 벗어나지 못하는 것입니다.

만약 도쿄돔에 득점 전광판Score Board이 없다면, 프로야구 시합에서 몇 대 몇으로 어느 팀이 이기고 있는지 알 수 없을 것입니다. 따라서 '우리 팀이 1점 차이로 이기고 있으니 따라잡히지 않도록 주의해야겠다'라든지, '1점 차이로 지고 있으니 역전승을 노려야겠다'는 식의 계획을 세울 수 없지요. 이처럼 숫자를 확실히 모르면 무엇을 어떻게 열심히 해야 하는지 알 수 없습니다.

중소기업 사장의 90%는 회사의 숫자를 모른다

그럼에도 불구하고 많은 사장들이 회사의 숫자를 모르고 있습니다. 저는 지금까지 500개 사 이상의 사장을 상대로 경영지도를 해왔는데, 중소기업 사장의 90%는 회삿돈의 흐름을 모르고 있었습니다. 숫자 관련 업무를 경리 직원이나 회계사 혹은 세무사에게 통째로 넘겨버리고 그들은 숫자를 보고 있지 않았습니다. 숫자를 보지 않고, 즉 돈이 얼마 들어와서 얼마가 나갔는지 모르면서 어떻게 대책을 세울 수 있을까요?

회사 경영에 있어 많은 사장들이 '되는대로 해도 어떻게든 되겠지' 하는 식으로 희망적인 기대를 하지만, 그런 마음가짐으로는 좋은 결과를 얻을 수 없습니다. '어떻게든 되겠지'가 아니라, '사장이 어떻게든 해야지'가 맞습니다. 그리고 바로 그러기 위해서 회사가 어떤 상태인지를 숫자로 파악하여 그 의미를 이해하고 있어야 합니다. 회사 경영에서는 숫자가 곧 언어이기 때문입니다.

직원들에게도 숫자가 중요하다

사장에게만 숫자가 중요한 것은 아닙니다. 직원들 역시 숫자라는 언어를 통해 대화합니다. 무사시노는 경영계획서에 '정보관리에 관한 방침'을 정하고 있습니다.

무사시노의 회의에서는 현장을 가장 잘 아는 아래 직원부터 상급직의 순으로 보고를 합니다. 가장 먼저 보고하는 것이 숫자이고, 가장 마지막에 자신의 의견을 밝힙니다. 저는 2시간에서 2시간 반 동안 이야기를 듣습니다. 도중에 발언하지도 않습니다. 그저 전 직원의 보고를 듣고 난 후 '이렇게 해라' 혹은 '그것은 그만 둬라' 하고 결정을 내릴 뿐이죠.

> **무사시노의 정보 관리에 관한 방침**
>
> 경영 판단에 필요한 고객의 정보를 받아들여 올바른 결정을 내리기 위해 '5가지의 정보' 항목을 공유하여 업무회의에서 활용한다.
> ① 실적보고(숫자)
> ② 고객의 소리(칭찬 또는 불만족)
> ③ 경쟁사 정보
> ④ 본부 · 비즈니스 파트너 정보
> ⑤ 자신과 직원들의 생각

과거의 무사시노에서는 사장이 먼저 그럴싸한 이야기를 하고 난 후 직원이 사장의 의견에 자신의 의견을 덧붙이는 식으로 진행하는, 숫자 없는 회의가 많았습니다. 그러나 숫자가 뒷받침되지 않는다면 두루뭉술한 이야기만 반복하게 될 뿐입니다. 따라서 회의가 아닌 '괴의怪議'가 되지요.

말이라는 것이 참 애매모호합니다. 사람에 따라 받아들이는 것이 다르기 때문입니다. 직원들은 종종 "저는 나름대로 열심히 하고 있습니다"라고 말하지만 '나름대로'라는 표현으로는 그가 구체적으로 얼마만큼의 성과를 내고 있는지, 매출에 얼마나 공헌하고 있는지를 알 수 없습니다.

따라서 무사시노는 직원에 대한 평가를 숫자로서 객관적으로 실시합니다. '100'의 성과를 내던 직원이 '110'의 성과를 내면 '10'

만큼의 성과를 올린 것이고, '100'의 성과를 내던 직원의 성과가 '90'이 되면, '10'만큼의 성과가 떨어진 것이죠. 숫자 없이 '얼마나 땀을 흘렸는가'로 직원을 평가한다고 합시다. '땀을 흘리다'라는 추상적인 평가를 하는 회사는 절대 구체적인 대책을 세울 수 없습니다.

항상 열심히 일하지만 '90'의 성과를 내는 직원과 쉬엄쉬엄 놀면서 '110'의 성과를 내는 직원 중 어느 쪽이 더 우수한 직원일까요? 전 쉬엄쉬엄 놀면서 '110'의 성과를 낸 직원이 더 우수하다고 생각합니다.

결산서로 회사 현황 파악하기

결산서

재무상태표 — B/S

손익계산서 — P/L

회사 현황은 결산서 상에 '숫자'로 요약되어 있다.

결산서를 보지 않는다
숫자를 모른다 = 회사를 모른다

숫자를 통해 이야기할 수 있는 사람이 인격자다

일반적으로 우리는 인간적으로 좋은 사람을 가리켜 '인격자'라고 말합니다. 그러나 한 회사의 사장이 성인군자라고 해도 3년 연속 적자를 내는 회사에 선뜻 대출을 해주는 은행은 없을 것입니다. 만에 하나 대출을 해주더라도 담보 또는 개인 보증을 요구하겠죠. 따라서 경영에 있어서 인격자란 그저 인간적으로 좋은 사람이 아니라, '숫자를 올리는 사람'입니다.

저는 술을 마시는 것도 좋아하고 사람들과 어울려 놀기를 좋아하는 한량이라 결코 인격자라고 할 수 없습니다. 그럼에도 저는 담보 없이 은행으로부터 최대 16억 엔(약 162억 원)까지 빌릴 수 있습니다. 그것은 제가 숫자로 이야기할 수 있는 인격자이기 때문입니다.

이와테현의 건설업체인 주식회사 오다시마의 오다시마 나오키 사장은 과거 한때 무차입금 경영을 했습니다. 공공사업이 많던 시절에는 은행 측에서 차입을 권유하느라 먼저 손을 내밀었다고 합니다. 그러나 이제는 의도적 차입을 하고 있습니다. 장기차입금 모두 무담보입니다. 어떻게 무담보로 자금을 빌릴 수 있게 됐을까요? 그것은 오다시마 사장이 숫자로 이야기할 수 있는 사장이 됐기 때문입니다.

은행 담당자가 "오다시마 사장님처럼 회사의 경영 상태를 숫자로 말해준다면, 자금을 빌려주기 수월합니다"라고 이야기했답니다. 정기적으로 은행에 방문해, '□월에는 얼마 정도 마이너스가 되고, △월에는 얼마가 플러스된다. 그리고 ○월에는 어떠하다'라는 식으로 보고하고, 또 실제로도 큰 차이 없는 결과를 보여준다면 은행에서 돈을 빌리기가 쉽습니다. 게다가 공공사업이라면 채권을 회수하지 못하는 예상 밖의 일이 발생할 확률도 적으므로 더 쉽습니다.

이처럼 은행이 회사의 자금을 대출해줄 때 평가하는 것은 사장의 인생 철학이나 경영이념이 아닌, 숫자입니다. 은행의 입장에서는 이 숫자가 곧 사장의 인격인 셈입니다.

02 비율이 아닌 금액으로 생각하라

👤 매출보다 이익이 회사의 실력

이익 목표를 100% 달성하는 것만이 올바른 경영은 아닙니다. 증수증익을 이어온 무사시노에서 목표를 달성한 것도 제43기가 처음입니다. 32년간 사장직을 맡아오면서도 이익 목표 달성률이 100%를 넘은 것은 딱 한 번뿐이었습니다. 그때 목표를 달성할 수 있었던 것은 사실 제가 세운 계획의 목표가 낮았기 때문입니다. 당시 직원들의 능력을 지나치게 과소평가했지요. 지금은 경영계획을 세울 때, '최선을 다했을 때 달성할 수 있는 이익 목표'라는 이름을 붙여 계획 목표를 가능한 한 높게 설정합니다.

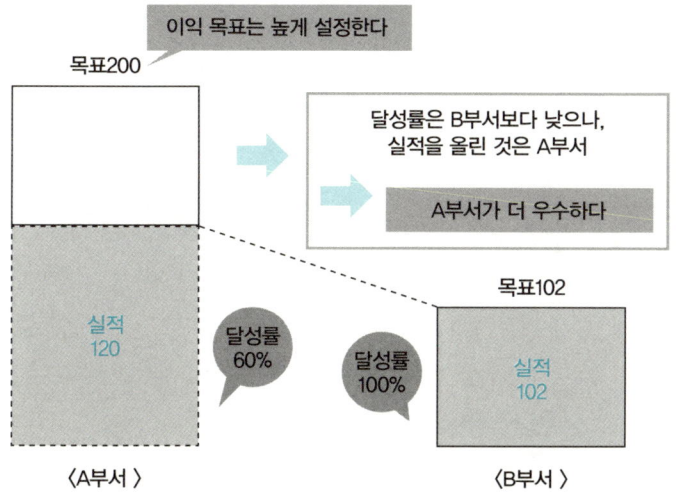

이익 목표는 사장이 얼마든지 자유롭게 정할 수 있기 때문에 이를 낮게 설정한다면 목표를 100% 달성할 수 있습니다. 반대로 이익 목표를 높게 설정할수록 달성률은 낮아집니다. 따라서 경영을 왜 달성률로 생각해서는 안 되는지 알 수 있을 것입니다.

위의 그림을 보면, B부서는 전년 대비 '102'라는 이익 목표를 설정했는데 이를 100% 달성한 덕분에 실적액이 '102'가 됐습니다. 반면, A부서는 '200'이라는 이익 목표를 세웠으나 달성률이 60%에 그쳐 실적액은 '120'입니다. 달성률만 따지면 B부서가 더 우수해 보이지만, 달성액을 보면 A부서가 더 우수합니다.

이익 목표는 금액으로 생각한다

A 매출총이익액의 목표 50, 달성률 100%일 때

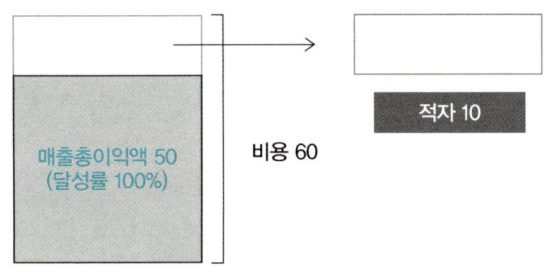

B 매출총이익액의 목표 80, 달성률 80%일 때

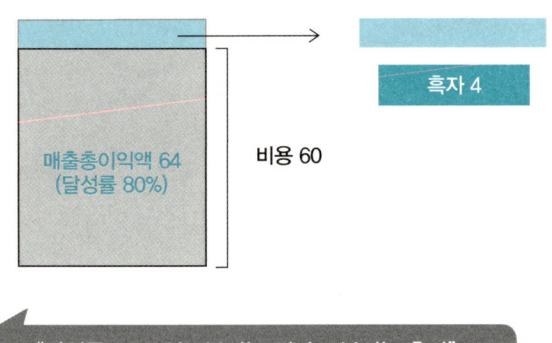

"달성률 100%인 A부서는 적자, B부서는 흑자"

따라서 경영을 '율率'로 생각해서는 안 됩니다. 매출, 매입, 비용 등 모든 회사는 '액額'으로 경영하고 있기 때문에 이익 목표는 비율이 아닌 금액으로 고려해야 합니다. 위의 그림처럼 달성률이 아무리 높아도 매출총이익액이 비용을 웃돌지 않으면 제대로 된 경영이라고 할 수 없습니다.

직원도 비율이 아닌 금액으로 평가하라

직원에 대한 평가 역시 비율이 아닌 금액으로 하는 것이 맞습니다. 상여를 목표의 달성률로 정하게 되면, 직원은 자신의 실력보다 낮은 목표를 설정하게 됩니다.

예를 들어 봅시다. 만약 '100'의 파워를 지닌 직원이 '80'의 목표를 설정한다면 목표를 달성하기는 쉬울 것입니다. 그리고 목표를 100% 이룬 시점, 즉 이익 목표 '80'의 성과를 낸 시점에서 그는 더 이상 노력하지 않게 됩니다. 노력하면 다음 번의 기준이 높아지기 때문입니다.

원래 이 직원은 '100'만큼 할 수 있는 실력이 있는데도 '80' 부근에서 성장에 브레이크가 걸리게 되는 것입니다. 직원은 목표의 범위 내에서만 도전하게 되며 이렇게 되면 회사 전체의 실적이 하락하게 되겠죠.

10년 전쯤 무사시노의 실적이 크게 떨어진 적이 있습니다. 직원의 성과를 달성률로 평가했기 때문입니다. 이러한 경험을 통해 현재 무사시노는 금액을 기준으로 직원을 평가하게 되었습니다.

직원의 평가는 금액이 기준

(주)무사시노 개인평가표

☐ 의 부분은 모두 채워서 제출할 것

01×년　47기 상반기　기관부문

입사연월일	VM번호	부서명	등급·그룹	이름	기초 본인확인 년 월 일	기초 상사확인 년 월 일
					기말 본인확인 년 월 일	기말 상사확인 년 월 일

	기초점수	그룹 (※표1 참조)	배율 (※표1 참조)	합계 소수 첫 번째 자리에 서 6부터 반올림
실적평가점	④	0.	6배	
중점 사항				
프로세스 평가점	⑤	0.	6배	
방침공유점			3배	
환경정비점	⑥		1. 배	
총합점				

※표1

	환경정비배수	실적 비중	프로세스 비중
1G	1.1배	30%	70%
2G	1.1배	30%	70%
3G	1.2배	50%	50%
4G	1.5배	70%	30%
5G	1.7배	80%	20%
6G	1.7배	80%	20%

※ ④⑤는 소수 첫 번째 자리까지 기입한다.
⑥은 정수로 기입한다.

※위의 칸은 소수 첫 번째 자리에서 6부터 반올림하여 정수로 기입한다.

※ 최저 0.5~최고1.5까지, 소수 셋째 자리에서 6부터 반올림하여, 소수 두 번째 자리까지 기입한다.

※아래의 칸은 소수 둘째 자리에서 6부터 반올림하여 소수 첫째 자리까지 기입한다

1. 업적평가

항목	목표				평가점		점수= ①×②×③
	① 비중	전년동기 실적	당기목표	당기실적	② 달성도	③ 곤란도	
1. 개인항목	20					1.0	
2. 전년 대비 매출총이익액	20					1.0	
3. 전년 대비 영업이익액	20					1.0	
					실적평가 점수합계		④

항목

1. 개인 목표
2. 전년 대비 매출총이익액
3. 전년 대비 영업이익액

"비율이 아닌 금액이 평가 기준"

요약 및 정리

- 중소기업 사장들 중 90%는 회사의 숫자를 모른다
- 숫자를 통해 이야기할 수 있는 사람이 진정한 인격자다
- 매출총이익액이야말로 회사의 실력이다
- 경영은 비율이 아닌 금액을 기준으로 해야 한다
- 직원의 평가 역시 달성률이 아닌 달성액으로 해야 한다

1장

사장의 첫 번째 결정 :
경리를 개혁한다

경리가 돈을 관리하게 만들지 않는다

경리 업무는 타인에게 맡겨라

중소기업 중 대부분이 경리 구조를 개혁하지 못합니다. 왜 그럴까요? 그 원인 중 하나는 가족이 경리를 담당하고 있기 때문입니다. 중소기업에서는 사장의 아내가 경리를 담당하는 경우가 많습니다. 경리의 업무는 계산을 하는 것이지, 돈을 관리하는 것이 아닙니다. 그럼에도 불구하고 많은 사장들이 '경리 업무=돈 관리'라는 착각을 하고 있습니다. 그래서 '혹여 다른 사람에게 돈을 뺏기지는 않을까' 하는 걱정에 아내에게 경리 업무를 맡깁니다. 가족이라면 안심할 수 있고 또 인건비도 줄일 수 있기 때문입니다.

여성은 남성보다 대체로 보수적인 편이라 돈이 나가는 일이나 돈을 빌리는 것을 반대합니다. 따라서 돈을 남에게 뺏기지 않고 잘 지킵니다. 그러나 수비 자세가 너무 강경하다 보면 투자를 할 수 없다는 게 문제입니다. 고객을 늘리고, 직원을 교육하고, 인프라를 구축하며, 직원은 물론 고객을 만족시키는 일에 투자하지 않는다면 회사의 성장은 멈춰버리고 맙니다.

경리가 경영에 관여해서는 안 됩니다. 그러나 사장의 아내는 회사의 돈을 '가계'라는 측면에서 바라보기 때문에 간섭을 하게 됩니다. 이를테면, 회사 경영을 위해 필요한 사람을 만나서 접대를 했음에도 경리를 맡은 아내가 '남편이 술집에서 쓸데없이 돈을 썼다'라고 생각하면 못마땅할 것입니다. 반대로 남편인 사장도 '자꾸 아내가 가계부 감각으로 경영에 간섭한다'고 생각되면 불만이 쌓이게 되겠지요. 결국 이러한 문제가 부부싸움으로 번지게 됩니다.

따라서 경리의 구조를 개선하고 싶다면, 경리 업무는 가족이 아니라 타인에게 맡기는 것이 좋습니다.

돈 관리를 맡기면 경리의 콧대가 높아진다

모든 회사마다 경리부서에 파워가 있는 것은 왜일까요?

첫째는 경리부서가 사장실 바로 옆에 위치하고 있기 때문입니다. 신기하게도 어느 회사를 가든 경리부와 총무부는 사장실 근처에 위치해 있습니다. 이러한 이유로 경리직이 사장과 가장 가까운 직책이라고 여겨집니다.

둘째는 사장이 경리를 불편해하기 때문입니다. 사실상 사장이 해야 하는 돈 관리를 귀찮다는 이유로 경리에게 맡기고 있으므로 경리의 콧대가 높아지는 것입니다.

따라서 돈 계산과 돈 관리는 서로 다른 사람이 해야 합니다.

돈 계산과 돈 관리는 다르다

사장 ➡ 돈 관리 경리 ➡ 돈 계산

- 경영계획 책정
- 재무체질 개선
- 은행으로부터 자금 차입
- 계정과목의 적극적인 조정 등

- 재무상태표 작성
- 손익계산서 작성
- 임대건물 관리
- 직원의 경비·영수증 확인 등

"경리 업무는 타인에게 맡기는 것이 기본!
다만, 돈의 사용방법을 결정하는 것은 사장의 업무"

경리에게 전문성을 요구하지 않는다

경리에게 고급 업무를 요구하지 마라

대부분의 사장이 경리 업무를 특수한 일로 생각합니다. 분명 10년 전까지는 경리 업무가 특수한 업무였습니다. 회계 및 세무 지식이 없으면 할 수 없었던 것도 사실입니다. 그래서 경리사무소가 번창하기도 했지요. 그렇지만 지금은 다릅니다.

범용의 경리 소프트웨어가 시판되고 있으며, 숫자만 입력하면 재무상태표나 손익계산서도 쉽게 완성됩니다. 계정과목을 몰라도 자동적으로 분류해주기 때문에 전문 지식이 필요없습니다.

무사시노는 경리 담당자에게 고급 업무^{High Level}를 요구하지 않습니다. 경리 담당자는 회사의 숫자를 계산할 때 꼭 필요한 최소한의 업무만 하면 됩니다. 그 외의 전문적인 업무는 아웃소싱을 하는 것이 효율적입니다. 많은 회사들이 경리나 총무에게 전문성을 요구합니다. 하지만 무사시노는 다릅니다. 경리 담당자의 업무를 'A의 저급' 또는 'B의 고급'과 같이 명쾌하게 구분 지어놓고, 전문성이 높은 '최고급'의 업무는 요구하지 않습니다. 고급 업무까지 사내에서 해결하려고 한다면 직원들이 기술을 익힐 때까지 시간이 걸리기 때문입니다. 또한 경리 업무를 누구나 할 수 있는 업무로 정의해두지 않으면 인사이동을 하기 힘들어집니다. 하나 덧붙이자면, 같은 사람에게 오랫동안 경리직을 맡길 경우 부정의 원인이 될 수밖에 없습니다.

영업과장이 아니면 경리과장이 될 수 없다

무사시노에는 '영업과장이 아니면 경리과장이 될 수 없다'라는 규칙이 있습니다. 왜냐하면 경리 업무는 특수한 업무도 복잡한 업무도 아니기 때문입니다. 관리부서(내근부서)의 직원은 영업직에 비하면 세부적인 업무가 많습니다. 세부 업무에 익숙한 사람은 사물을 복잡하게 생각합니다. 그러다 보면 일이 점점 더 복잡해집니다. 하지 않아도 되는 일까지 하게 되고 그래서 결과적으로 일 처리가 늦어지게 됩니다. 100번, 1,000번 확인한다고 해서 적자를 낸 회사가 흑자가 되지는 않습니다. 그래서 무사시노는 업무를 복잡하게 만들지 않도록 경리과장을 '전직 영업과장'으로 정하고 있습니다. 경리과장으로는 섬세한 사람이나 우수한 사람보다 실수가 적은 사람이 적합합니다.

경리를 블랙박스화하지 않기 위해 아이치현의 안경플라자 우에다 타다시 사장은 무사시노의 경리 시스템을 도입하고 있습니다. 선대 회장은 우에다 사장에게 "경리부장을 자르지 말고, 소중하게 여겨라"라고 강조했습니다. 하지만 우에다 사장은 경리의 구조를 바꿈과 동시에 경리부장과 영업부장을 교체했습니다. 이를 반대하는 회장에게 그는 회사가 망하지 않으려면 직원이 '내가 없으면 곤란할 거야'라고 생각하는 상황이 돼서는 안 되고, 어떤 직책이든 언제든지 다른 사람으로 교체할 수 있어야 한다고 설득했다고 합니다. 현재 안경플라자의 신입 담당자는 모르는 것이 있으면 무사시노에 전화를 걸어 지도를 받고 있습니다.

경리부장을 바꾸고 난 뒤 우에다 사장은 속이 편해졌다고 합니다. 회사의 수많은 업무 중에서도 경리 업무가 가장 성가신 업무이자 대체 불가능한 업무라고 생각했는데, 이제는 경리 업무가 누구나 할 수 있는 일이라는 것을 깨달았기 때문입니다. 그는 지금 "점포에서 안경을 파는 것이 더 어려운 일일지도 모른다"라고 말합니다.

히로시마현에 위치한 이쓰지 식산 주식회사의 이쓰지 료스케 사장은 다섯 명이던 경리 직원을 두 명으로 줄였습니다. "생각하고 줄일 것이 아니라, 줄이고 생각하라"는 저의 이야기를 듣고, 일단 일을 저지르고 본 것입니다. 사람을 줄이고 난 후 어떻게 되었을까요?

전혀 지장이 없었습니다. '지금까지 다섯 명이나 있었는데 대체 뭘 했던 거지?'라는 생각이 들 정도였답니다. 그동안 담당자들이 '이것은 나만 할 수 있는 일'이라고 생각했던 탓일지도 모르겠습니다. 월차 결산서도 기존과 같은 속도로 나오고 있습니다. 인원수가 줄고 두 명 중 한 명이 신입인 것을 감안한다면, 실질적으로 일 처리 속도는 빨라진 셈입니다.

한편 경리뿐만 아니라 직원을 소수정예로 만드는 것이 이쓰지 사장의 방침입니다. 사람이 줄어도 채용은 하지 않고 대신 기계를 도입해서, 즉 자동화로 인건비를 줄여나갈 생각이라고 합니다.

관리하지 않는 경리, 누구나 할 수 있는 경리를 만든다

대부분의 사장들은 관리하면 회사가 좋아진다고 생각합니다. 그러나 이는 틀렸습니다. 대개 실적이 떨어지면 관리를 강화하려고 하지만, 관리를 강화시킨다고 회사가 나아지는 것은 아닙니다. 실적이 나쁜 것은 대개 판매부진 때문이지 관리 부족 탓이 아니기 때문이지요. 이를 깨닫지 못한 채 관리를 강화하게 되면, 관리부서의 인건비 같은 비용이 증가해 오히려 실적이 떨어지게 됩니다.

무사시노의 경영계획서 배부처 일람에는 직원의 이름이 서열에 따라 기재되어 있습니다. 제45기에는 사장 이하 22번까지가 전원 영업부서이며, 관리부서에서 가장 실적이 좋은 시무라 아키오 과장이 23번입니다. 관리부서가 서열의 상위에 존재하는 회사는 판매부진 회사로 관리과잉 회사라고 볼 수 있습니다.

관리를 하지 않는 것이 최고의 관리입니다. 관리부서는 총인원의 10%면 충분합니다. 무사시노는 약 7.5% 정도입니다. 그럼 관리부서가 15% 이상인 회사를 무엇이라 부를까요? 바로 '부실회사'라고 합니다.

업무의 합리화란 불필요한 일을 버리는 것, 불필요한 일은 생략하는 것, 어떻게 돼도 상관없는 것은 하지 않는 것입니다. 그렇기 때문에 무사시노는 누구나 경리를 할 수 있게 함으로써 불필요한 절차를 생략했습니다. 예외 사항도 최소한으로 줄이고 있습니다. 예외 사항이 있으면 사람에게 일이 붙지만, 일에 사람을 붙인다면 예외 사항이 없어집니다.

신칸센(일본의 고속철도-옮긴이) 노조미 1호는 신참 운전수든 베테랑 운전수든 누가 운전을 해도 6시에 도쿄역을 출발하여 8시 25분에 신오사카역에 도착합니다. 이는 일에 사람을 붙였기 때문입니다. 그러나 대부분의 회사에서는 사람에 일을 붙이고 있습니다. 같은 사람이 경리를 오랫동안 하면 블랙박스가 되어 그가 무엇을 하는지 보이지 않게 됩니다. 이러한 이유로 무사시노는 사람에게 일을 붙이고 있습니다.

내정자가 2억 엔을 움직이는 경리 혁명

도쿄도의 주식회사 홉피 음료Hoppy Beverage 이시와타 사장이 저의 존재를 알게 된 것은 2005년입니다. 홉피는 판매 55주년 기념 이벤트 이후 명실공히 3대째 경영으로 주목받았지만, 당시 부사장이었던 이시와타는 실적 악화로 고심하고 있었습니다. 홉피 음료의 월결산 매출을 알 수 있는 것은 반년 후인데다가, 숫자를 보지 않고 경영을 하고 있었기 때문에 실적이 나쁜 것은 당연한 일이었지요.

그러던 차에 저와 소프트 브레인Soft Brain 송문주 씨의 무료 강연회에 참석했던 이시와타 사장은 우리의 이야기를 조금 더 듣고 싶다며 실전경영학원에 찾아왔습니다. 지도를 받은 이시와타 사장은 다양한 개혁을 시도했습니다. 그러나 생각한 만큼의 성과가 나지 않았고, 본사에 세 명 있던 경리도 변화를 거부하고 퇴직했습니다. 할 수 없이 파견직원을 고용해 겨우 업무를 진행하기도 했습니다. 결국 2006년부터 무사시노의 직원이 홉피의 경리를 담당했지만, 채용이나 홍보를 겸하고 있었기 때문에 경리 업무에만 집중할 수는 없었습니다.

그래서 저는 이시와타 사장에게 내정자(대학을 다니는 도중에 회사 채용이 결정된 사람-옮긴이) 중에 졸업을 앞두고 있는 사람은 없는지 묻고, 학점 이수를 마치고 정기적으로 아르바이트를 하는 학생에게 일을 가르치면 좋을 것 같다고 조언했습니다. 마침 내정자 중에 홉피에서 아르바이트를 하기 원하는 학생이 있었는데, 그녀는 카라자와 마이라는 문학부 소속으로 자기소개서에 '기타는 칠 줄 알지만 컴퓨터는 쓸 줄 모르고, 매미의 부화를 보는 것이 취미'라고 밝힌 학생이었습니다.

저는 그래도 괜찮다며 일단 그 학생에게 아르바이트를 한번 시켜보자고 했습니다. 다만 학생을 홉피가 아니라 무사시노로 출근하게 하고, 매일 무사시노에 홉피의 전표나 경리 자료를 택배로 부쳐달라고 지시했습니다. 경리 자료가 도착하면 무사시노의 고즈카 토미오 과장이 그 학생에게 경리의 구조에 대해 지도하기로 했지요. 학생은 경리 업무에 관한 지식이 전무했기 때문에 오히려 고즈카 과장의 지도를 있는 그대로 받아들였고, 그 결과 불과

2개월 만에 컴퓨터와 경리 시스템을 움직일 수 있게 되었습니다.

그 학생이 홉피 음료의 경리를 담당하게 되면서 경리 혁명이 시작됐습니다. 얼마 지나지 않아 자금이체도 하게 되었고 마침내 홉피는 내정자가 2억 엔(약 20억원)을 움직이는 회사가 되었지요.

이시와타 사장이 원했던 경리 담당자는 무사시노처럼 회계와 세무를 알지 못해도 시산표(복식 부기에서 원장에 올린 내용이 정확한지 검산한 표-옮긴이) 정도를 작성할 수 있는 경리였습니다. 몇 달 후 시산표가 단 하루 만에 산출됐고 경영에도 속도가 붙었습니다. 경리를 슬림화한 결과 홉피 음료의 매출은 승승가도를 달려 7년간 매출이 4배 이상 증가했습니다.

03 경리 업무를 전산화한다

👤 컴퓨터를 도입해 전표나 장부를 폐지하라

1987년 사장에 취임했을 때, 무사시노는 매출 7억 엔(약 71억 원), 직원 550명(비정규직원, 아르바이트생 포함) 규모의 회사로 경리는 네 명(그중 두 명은 부기자격증 2급 보유자)이었습니다. 하지만 재무상태표와 손익계산서를 작성하는 데에는 3주가 소요됐지요.

현재의 무사시노는 매출 39억 엔(약 395억 원), 직원 650명(비정규직원, 아르바이트, 은행원 포함) 규모로, 경리는 과장 한 명과 비정규직 직원 한 명으로 총 두 명이며, 그중에 부기 자격증 보유자는 없습니다. 그럼에도 업무 시스템이 100% 전산화되어서 재무상태표와 손익계산서를 하루 만에 작성할 수 있게 되었습니다.

매일, 매주, 매월 반복해서 발생하는 업무는 전산화하는 것이 좋습니다. 특히 모든 직원이 매일 사용하는 프로그램이라면 일시적으로 많은 투자가 요구되더라도 최우선적으로 도입해야 합니다. 더불어 컴퓨터를 도입했다면 전표나 장부를 폐기해야 합니다. 대부분의 경리 담당자는 입금전표, 출금전표, 대체전표 등을 발행해 손으로 수집하고, 장부에 전기하여 그 장부를 보면서 데이터를 입력하려고 합니다. 이는 두 번 일하는 것이나 마찬가지죠. 불필요한 작업은 없애는 것이 합리적입니다.

업무 방식을 근본적으로 바꾸지 않는다면 결코 경리를 개혁할 수 없습니다. 그러나 경리 담당자는 불안해하며 지금까지 해왔던 방식을 쉽게 바꾸려 하지 않을 것입니다. 새로운 것에 도전하면 반드시 잃는 것이 있게 마련인데, 사람들은 잃는 것을 먼저 생각하고 새로운 것에 도전함으로써 얻을 수 있는 성과는 생각하지 않기 때문입니다.

이때 저는 어떻게 했을까요?

저는 경리부장인 타키이시 요오코에게 이렇게 말했습니다. "출금전표, 입금전표, 대체전표를 한 장 적을 때마다 10엔씩 내!" 그랬더니 그 날부터 전표를 쓰는 사람이 아무도 없게 되었습니다. 이것이 바로 '현금'이 가진 힘입니다.

개혁은 일단 강제로 시작하라

개혁을 하려고 하면 무사시노의 직원들은 일단 반대부터 합니다. 휴대전화를 진동모드로 바꾸게 했을 때, 업무에 컴퓨터를 도입했을 때, 인터넷 환경을 정비했을 때 그리고 경리의 분류방법을 바꾸었을 때도 개혁에 찬성한 적은 한 번도 없었습니다.

왜 반대를 하는 걸까요? 그건 '모르기' 때문입니다.

그러나 저는 직원의 반대를 신경 쓰지 않고 선두에 서서 개혁을 진행했습니다. 좋은 일은 강제하지 않으면 진행이 되지 않습니다. 일단 강제로 시킨 후에 그것이 정착되면 편리해집니다. 편리해지면 아무도 불만을 갖지 않지요.

경리 개혁을 경리 담당자들에게 맡기지 않는 것은, 회사에서 가장 영향력 있는 사람인 사장이 지도하지 않으면 결코 개혁이 일어나지 않기 때문입니다.

개혁을 진행하는 도중 타 부서에서 불만을 제기한다고 해도 사장이 직접 담당한다면 그들이 포기할 수밖에 없습니다. 또한 경리 자신에게 개혁을 하라고 하면 자신의 일을 부정하는 일로 여겨지므로 싫어하겠죠. 게다가 경리 스스로는 '지금까지 일을 잘 해왔어'라고 생각하기 때문에 개선이 될 수 없습니다.

돈과 관련된 업무부터 개혁하라

개혁은 돈과 관련된 일에서부터 시작하면 빨리 정착됩니다. 무사시노의 모든 직원들이 다른 회사보다 빨리 이메일을 사용할 수 있었던 것은 '급여 개혁'을 했기 때문입니다.

우리는 경리 개혁과 동시에 1997년에는 타임카드를 폐지하고 전자타임카드로 바꿨습니다. 하라 노리코가 2주 만에 완성한 이 시스템은, 직원 개개인이 ID와 패스워드를 입력하여 출·퇴근 시간을 입력하고 경리 담당자는 그 데이터를 바탕으로 급여를 계산해 은행의 호스트 컴퓨터로 전송하는 구조였습니다(단, 현재는 급여 계산을 아웃소싱하고 있습니다. 아웃소싱 업체는 마감시간을 기다려주지 않기 때문에 직원들이 시간을 엄수하게 됩니다). 총무 담당자는 급여 계산 데이터를 받아 급여명세서를 작성하고 이를 이메일로 직원들에게 발송합니다. 직원들은 이메일을 열어 명세서를 인쇄하거나 배우자의 메일주소로 재전송하면서 이메일 사용에 익숙해졌습니다.

사람은 기본적으로 새로운 일을 하고 싶어하지 않습니다.

하지만 그 새로운 일을 하지 않을 경우 급여를 받을 수 없다거나, 출장비 정산이 되지 않는다면 어떨까요? 어쩔 수 없어서라도 하게 됩니다.

품의는 모두 디지털로 관리하라

개혁을 진행하면 회사의 업무 속도가 빨라집니다.

인터넷을 통해서 그룹웨어로 품의 및 결재처리를 하게 되면 서류결재를 기다려야 하는 정체 현상이 발생하지 않습니다. 무사시노에서는 오늘 품의를 올리면 늦어도 내일(빠르면 반나절) 결재가 완료됩니다.

무사시노는 회사의 품의 및 결재를 디지털로 관리하므로 공유 및 활용이 가능합니다. 품의 신청에 필요한 서류는 모두 웹상에 있으며 이전의 데이터를 검색해서 날짜, 고유명사, 금액만 바꾸면 바로 품의를 올릴 수 있습니다. 인사이동으로 업무가 바뀐다 해도 전임자의 품의 신청을 보면 어떤 업무가 있는지를 바로 알 수 있지요.

이 품의 및 결재 시스템을 처음으로 도입한 것은 가불 신청 때문이었습니다. 그룹웨어로 신청하지 않으면 가불을 하지 못하는 구조로 바꾼 것이죠. 가불금 없이는 출장 가기가 상당히 불편하므로 직원들은 필요에 의해 사용하게 됐습니다. 특히 품의 관련 데이터는 웹상에 있기 때문에 경리가 서류를 보관하지 않아도 되고, 키워드 검색을 하면 데이터를 바로 꺼낼 수 있으므로 경리는 각종 문의에 신속하게 답할 수도 있어 좋습니다.

무사시노의 실제 품의·결재 시스템

신청자	오오모리 류우코우(1859)
신청일	2010년 10월 6일 17시 11분
개시일	2010년 10월 5일
종료일	2010년 10월 6일
용건	담당기업방문(■■님 경영계획발표회), 미네 씨 동행
출장처	후쿠야마
이용교통기관1	하네다−후쿠야마 ￥22,000
이용교통기관2	후쿠야마−하네다 ￥22,000
이용교통기관3	: ￥0
교통비	￥44,000
교제비	친목회비 ￥20,000
통신비·기타	: ￥0
숙박일수	1일 X 숙박단가 ￥8,000
숙박비 합계	￥8,000
효과	경영계획 발표회 지도
매출금액	￥■■
일당	1일 X 일당단가 ￥2,300
일당합계	￥2,300
여비합계	￥74,300
가불금	￥0
차가감부족금	￥74,300
비용할당부서	경영 서포트(영업)

결재	역할	이름	결과	비고	일시
승인	상사	세이키 오사무(2201)	승인		2010/10/06 21:49
승인	부장	사이토우 요시아키(0487)	승인		2010/10/07 6:45
승인	임원	야지마 시게히토(1891)	승인		2010/10/07 15:23
승인	사장	고야마 노보루(0010)	승인		2010/10/07 16:58
승인	경리	소가 코우타로(2481)	승인		2010/10/08 7:20

"사장도 반드시 확인하고 있음"

돈의 흐름이 사람의 흐름

무사시노에서는 일반 업무 이외의 품의(3,000엔 이상)는 모두 사장이 결재합니다. 왜 굳이 사장이 도장을 찍을까요? 그것은 직원의 움직임을 파악하기 위해서입니다.

출장비 정산이 사장에게 올라오면, '오오모리는 지금 여기 일을 하고 있구나' 혹은 '쿠기노 얼굴이 안 보이더니 여기 가 있었구나', '마코토는 영업을 자주 나가는구나'처럼 이들의 업무와 움직임을 알 수 있게 됩니다. 돈의 흐름을 통해 사람의 흐름을 알 수 있는 것이죠.

이때 저는 품의서의 금액을 보는 것이 아닙니다. 저는 품의서의 돈의 흐름만 살펴본 후 바로 도장을 찍습니다. 왜 그럴까요? 비용의 과도한 지출은 소속 부서의 손익과 직결됩니다. 이를 알고 있는 직원이라면 쓸데없이 많은 비용을 쓰지 않겠지요. 불성실한 사장이란 빨리 결재하지 않는 사장입니다. 술을 마시면서 하는 결재라도 아무 문제가 없습니다.

출장비를 정산할 때 무사시노의 직원은 반드시 얼마의 매출이 올랐는지 정확한 숫자를 적어야 합니다. 일정액 이상의 매출을 올리지 않으면 일당이 모두 나오지 않는 구조로 운영되기 때문이지요. 일정액 이상의 매출이 오르지 않았다면 일당이 반만 나옵니다. 그래서 직원들은 '일당을 전부 받고 싶다'는 자칫 불순해 보이는 동기를 품고 열심히 일을 합니다. 물론 후일 매출이 오른다면 일당을 모두 지급합니다.

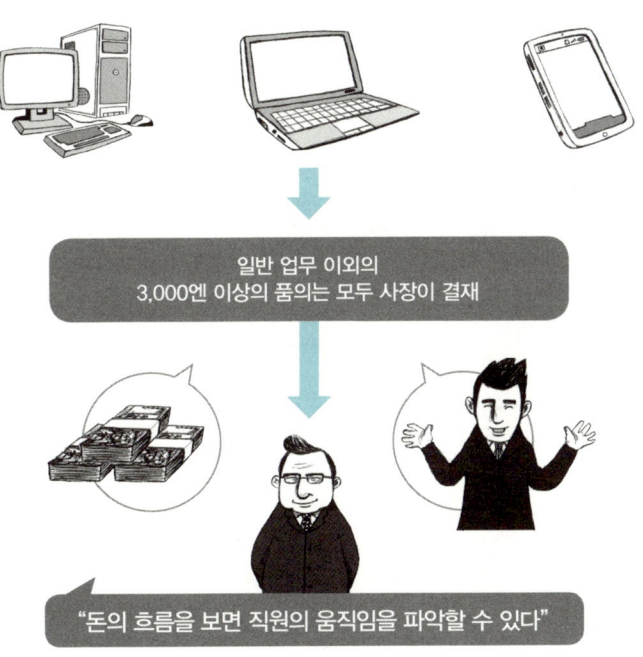

04 경리의 실행계획은 한눈에 보이도록 만든다

실행계획은 직원 스스로 작성한다

무사시노의 장기적인 경영 방침은 사장이 명확하게 제시하지만, 각 부서의 실행계획은 현장에서 정하게 합니다. 6개월마다 한 번, 모든 직원과 비정규직, 아르바이트생 약 250명이 팀을 만들어 '사내 평가'를 실시합니다.

각 부서가 작성한 실행계획에 대하여 사장은 거의 참견하지 않습니다. 그저 정말 실행이 가능한 것인지, 성과가 나올 수 있는 계획인지만 확인할 뿐입니다.

간혹 팀에 다시 생각해보라고 권유하는 경우도 있지만, 그때도

> **사내 평가 방법**
>
> 1. 팀 리더를 정한다. "하나,둘,셋" 하며 한 명을 지목하게 해 가장 많은 지목을 받은 사람이 리더가 된다.
> 2. 종이에 목적, 현재 상황, 동향, 요인, 방침 등 틀을 적는다.
> 3. 멤버들 각각에게 포스트잇을 배부한다.
> 4. 자유롭게 문제점 또는 과제를 작성하게 한다.
> 5. 포스트잇을 종이에 붙인다. 같은 의견은 통합하고 다른 의견은 남긴다.
> 6. 팀 전원이 어떤 아이디어가 가장 좋을지 결정하도록 하되 다수결은 금지다.
> 7. 목적, 방침, 목표, 가치척도, 실행안을 결정한다(실행계획).
> 8. 타 부서에 업무개선의 구체적인 내용을 발표한다.

이렇게 혹은 저렇게 하라고 구체적인 지시를 내리지는 않습니다. 어디까지나 직원들이 자발적으로 의견을 내는 상향식bottom up 업무 개선이 기본입니다.

    일반적으로 직원들은 일을 한 척하길 좋아합니다. 그렇기 때문에 그럴듯한 실행계획을 작성했다고 해서 무조건 믿고 안심할 수는 없습니다. 중요한 것은 직원들이 세운 실행계획이 매월 어떻게 진행되고 있는지 그 진척 상황을 체크하는 것입니다.

무사시노 경리부서의 실행계획

실행계획 시트

제46기 하기 경리 실행계획

3년간 달성해야 할 목표
누구나 쓸 수 있는 무사시노 경리 시스템을 만들어, 많은 고객들을 기쁘게 한다.

목적
누구나 사용할 수 있는 무사시노 경리 시스템으로 명확하고 신속하게 정보를 전달함으로써 신뢰받는 경리팀이 된다.

주요 방침
누구나 사용할 수 있는 경리를 강화한다(사람에게 일을 맡기지 않는다).

목표
경리 업무의 완전 매뉴얼화, 임대 시스템을 본격적으로 가동해 업무를 간소화한다.
경리 프로그램을 활용해 업무 처리의 속도를 올린다.

평가 척도
100%실시 5
미실시 0
100%실시 5
미실시 0
100%실시 5
미실시 0

	중점시책(항목)	11월	평가	12월	평가
	〈하기에 성과가 날 것〉 더블캐스트 강화와 매뉴얼 작성 일차-다카나시 절차-쓰쿠다	나고야 안경점 벤치마킹 10월 중 선정 11월 또는 12월 실시	5	12/7~12/11 일차업무 인수인계 다카나시	0
		11/9~11/13, 11/20 일차업무 인수인계 다카나시	5	매뉴얼 수정 12/15까지 다카나시	5
	〈상기에 성과가 난 것〉 임대 건물의 관리 다카나시 쓰쿠다	매뉴얼 작성 11/30까지 다카나시	5		
	〈하기의 과제〉 업무개선 다카나시 쓰쿠다	지불예정표 계약서 작성 11/30까지 다카나시	5	임대 만료일 확인 12/3 다카나시 쓰쿠다	5
		야스마츠 씨와 미팅 11/6 다카나시, 쓰쿠다	5		
	〈반기 5월에 서둘러 작성할 것〉 결산 다카나시 쓰쿠다	○○에게 스케줄확인 (5월 연휴)11/1 다카나시	5		
		당월		누계	%	당월		누계	%
	매출총이익 목표/실적	16.0	16.0	16.0	16.0		18.0	18.0	34.0	34.0	
	영업이익 목표/실적	0	0.8	0	0.8		0.6	0.4	0.6	0.4	
	주요시책 달성도 목표/실적	30	30	30	30		16	10	45	40	
	FM비율 (경리/조이익)X100	100%	100%	100%	100%		103%	98%	101%	101%	

"경리의 실행계획을 한눈에 알 수 있다"

사업부/팀/프로젝트명	
리더 이름	다카나시 마사토시
멤버 이름	쓰카다 카요코

날짜	부서장/임원	사장
2009.1.17		

달성 상황 평가 방법(누가, 언제, 어디서, 어떻게)
다카나시, 쓰카다가 아래의 날짜에
평가척도와 함께 평가한다.
12/2, 1/5, 2/3, 3/3, 4/5, 4/7

1월	평가	2월	평가	3월	평가	4월	평가
1/12~1/15 절차업무 인수인계 쓰카다	0	2/22~3/1 절차업무 인수인계 쓰카다		월말 담당업무 변경 3/31, 4/1 일차-다카나시 월치-쓰카다			
매뉴얼 작성 1/31까지 쓰카다	5	매뉴얼 수정 3/15까지 쓰카다	5				
임대 만료일 확인 1/6까지		임대 만료일 확인 2/3 다카나시 쓰카다	5	임대 만료일 확인 3/3 다카나시 쓰카다	5	임대 만료일 확인 4/5 다카나시 쓰카다	
	5	프로그램 개선점 찾기 3/15 다카나시 쓰카다		야스마츠 씨와 미팅 3/8 다카나시 쓰카다		결산준비개시 계정항목 1 미지급금 4/30까지 다카나시	
		○○씨에게 스케줄확인 (5월 연휴)2/1 다카나시	5			결산준비 개시 계정항목 2 4/30까지 쓰카다	

당월	누계	%	당월	누계	%	당월	누계	%	당월	누계	%
17.0	17.0	61.0	61.0	15.0	15.0	66.0	660	15.0	15.0	81.0	81.0
2.0	2.0	1.5	2.4	0.0	2.1	0.5	4.3	0.0	4.3	0.5	8.6
15	10	60	60	15	15	75	65	5	5	80	70
88%	112%	97%	104%	100%	176%	98%	120%	100%	66%	98%	110%

1장_ 사장의 첫 번째 결정

🧑 하루의 타임스케줄을 명확하게 한다

　대부분의 회사에는 경리 담당자가 지금 어떤 일을 하고 있는지 한눈에 볼 수 있는 업무 설계도가 없습니다. 그렇기 때문에 경리의 업무가 감춰지기 쉽지요.
　무사시노의 경리는 1일 타임스케줄이 명확합니다. 스케줄 표에는 '몇시부터 몇시까지는 어떤 업무를 한다', '이 업무는 몇시까지 끝낸다' 등이 정해져 있습니다. 한 달간의 타임스케줄도 명확하며 언제, 어떤 지출을 하는지 등을 알 수 있는 시스템입니다. 물론, 연간스케줄도 명확합니다.
　타임스케줄은 자석으로 시각화되어 있고 정해진 작업이 끝나면 자석을 뒤집어 놓게 했습니다. 이렇게 하면 업무가 누락되는 일이 없어집니다.

(예) 무사시노 경리과 쓰카다 씨의 1일 스케줄

8:30	출근
8:50~9:00	조례
9:00~9:30	환경정비 및 조회
9:30~10:00	입금기의 금액 확인
10:00~12:30	출금 분류
	잔고 확인(분류금액과 합산)
	힘이 나는 시스템으로 전송(전사 공유)
	서류 정리
12:30~13:30	점심
13:30~15:00	계좌이체 준비
	소액지출 영수증 확인
	일당이 있는 결재의 일보 확인
	영수증 확인 및 결재
	청구서 확인 및 결재
	은행 계좌에서 자금 이체
15:00~17:00	잔업 처리
17:00	퇴근

경리의 업무를 줄인다

👤 계정분류는 경리가 아닌, 구매한 사람이 하게 하라

무사시노에서 계정분류는 상품을 구매한 사람이 하는 것이 원칙입니다. 물론 예전에는 어느 직원이 사무용 펜을 구매했을 때 경리가 계정분류를 했지만, 현재는 펜을 구매한 사람이 직접 네트워크에 들어가서 분류합니다.

계정과목을 잘 알지 못한다 해도 펜 구입비를 매출이나 매입, 혹은 인건비로 분류하는 직원은 없을 겁니다. 소모품이나 교육연구비 또는 잡비 중 하나라는 것 정도는 알 수 있지요.

이 비용도 크게 보면 '경비'에 해당하므로 사실 어디에 넣어도 큰 상관이 없습니다. 직원이 분류하는 것은 대부분 경비며 그 이외의 계정과목은 거의 없습니다.

중요한 것은 계정과목을 올바르게 입력하는 것이 아니라, 금액을 올바르게 입력하는 것입니다. 경리는 다음날, 입력된 데이터를 보고 그 분류가 올바른지, 그 데이터에 영수증이 첨부되어 있는지만 확인합니다. 이것이 경리의 일입니다, 이처럼 무언가를 구매한 사람이 계정분류를 하기로 결정한 후, 경리의 업무는 급감했습니다.

경리 담당자가 신입이라고 해도 문제없습니다. 한 달에 한 번 고문회계사가 확인하기도 하거니와, 행여 못보고 지나친다 해도 괜찮습니다. 더욱 우수한 세무서가 확인해주기 때문입니다. 사실 세무조사에서 별다른 지적을 하지 않는다면 그 분류는 올바른 것이죠. 그리고 혹여 세무서에서 지적한다 해도 그때 수정해도 문제가 되지 않습니다. 추징금이 부과된다면 이를 '지도指導료'라고 생각하십시오. 실제로 펜 구입비의 분류가 잘못되었다고 해도 추징금은 1엔(10원), 2엔(20원) 정도니 큰 손실은 없습니다. 간혹 금액이 클 경우는 경리 담당자와 회계사 모두 꼼꼼하게 확인하기 때문에 잘못될 걱정도 없습니다.

무사시노의 계정분류 과정

- 소모품
- 교육 연구비
- 잡비 등

구매한 사람이 계정분류를 한다

  경리는 분류 데이터를 확인한다.

만에 하나, 올바른 확인이 되지 않아도

 고문 회계사    세무서 직원

"고문회계사 또는 세무서 직원이 정확하게 확인해준다"

역분류로 두 번 수고하는 일을 없애라

상품을 매입하면 외상매입금, 복사용지를 구매하면 미지급금이 발생합니다. 무사시노는 지출 관련 신청을 매달 20일에 마감하고 다음 달 20일에 관련 금액을 지급합니다. 그리고 매월 매입을 한 기간과 비용을 지급하는 날짜 이렇게 두 단계로 분류합니다.

사실 매입을 하는 회사는 항상 같고 지출계좌도 같습니다. 다른 것은 금액뿐입니다. 그래서 저는 '역분류 시스템'을 고안했습니다. 10월에 매입을 하고(마감), 10에 1을 더하면 11월은 지급이 됩니다. 즉 10월의 매입 데이터의 월을 바꾸어(1을 더함), 데이터를 전기하여 역처리한다면 지급을 하기 위한 데이터가 됩니다.

CSD를 도입해 현금 상황을 파악한다

무사시노는 매출의 65%가 현금 매출입니다. 10년 전까지는 회수된 돈을 영업 담당자가 세어보고 그 후에 점장이 확인해서 종류별로 집계해 야간 금고에 맡겼습니다. 본래 점장의 업무는 실적을 올리는 것인데 돈을 세는 것이 주 업무가 되어 있었지요. 야간 금고는 안전하지 않다는 것도 문제였습니다. 우리는 이 문제를 개선하기 위해 'CSD$^{Cash,\ Safety,\ Delivery}$기'를 도입했습니다. 당시 야간 금고 사용료는 월 2,000엔(약 2만 원), CSD기는 월 10만 엔(약 100만 원)이었습니다. 월 10만 엔이 비싸긴 해도 집계에 소요되는 인건비에 비하면 오히려 저렴하다고 판단했습니다.

CSD기에 현금을 입금하면 자동으로 돈을 세어 영수증을 출력해줍니다. 영수증의 숫자와 매출이 맞으면 되니 바로 확인이 가능합니다. 또 CSD기와 은행은 온라인으로 연결되어 있어서 오전 2시가 되면 은행에 자동적으로 데이터가 송신되는 시스템입니다(지금은 매일 현금 운송차가 회수해줍니다). 따라서 다음날에는 인터넷으로 영업 담당자별 입금액을 조회할 수도 있습니다. 그 데이터(지점번호, 개인번호, 매출금액 등)를 다운로드해 누가 얼마를 팔았는지를 확인하면 현금의 회수 상황도 알 수 있습니다.

무사시노에서는 매월 10만 장 이상의 영수증을 발행하므로 동일한 수의 부본이 남게 됩니다. 세무조사상 경리서류의 보존기간은 7년(우리나라의 장부보존 의무는 5년-옮긴이)입니다만, 무사시노는 3개월이 지나면 영수증을 바로 문서절단기에 넣어 폐기합니다. 이렇게 바로 폐기를 해도 괜찮을까요? 그렇습니다. 세무조사에서 폐기가 인정되는 이유는, 먼저 무사시노가 연속성의 원칙(기업이 선택한 회계처리의 원칙 또는 절차를 계속 적용해야 하는 것-옮긴이)을 준수하여 동일한 절차로 경리 업무를 처리하고 있고, CSD기 덕분에 부본이 없어도 현금이 100% 은행에 입금되는 것이 증명되기 때문입니다.

임대한 자산은 색상별로 관리하라

임차료를 포함한 각종 자산의 임대료는 경리 담당자가 관리합니다. 건수가 많다 보니 과거에는 계약기간이 종료되었는데도 실수로 돈을 계속 지급했던 적도 있었습니다. 이런 쓸데없는 비용을 줄이기 위해서 우리는 자체의 임대 자산 관리 프로그램을 만들었습니다. 그 프로그램을 이용하면 색상별로 임대 자산 상황을 한눈에 파악할 수 있습니다.

- ✓ 임대 만료 한 달 전 – 노랑색
- ✓ 만료일 경과 – 빨강색
- ✓ 계약종료 처리 완료 – 파랑색

색상은 그 자체가 언어와 같습니다. 현장을 돌면서 임대할 가치가 있는 것과 없는 것을 판단한 후 필요한 임대 자산만 프로그램에 등록합니다. 임대는 기본적으로 자동으로 갱신되므로 사용하지 않는 것을 다시 임대하지 않기 위해서라도 색상별로 구분하는 것이 좋습니다.

손익계산서, 재무상태표는 하루 만에 만든다

재고실사는 월 4회로 나누어 블록별로 실시하라

무사시노는 어떻게 손익계산서와 재무상태표를 불과 하루(월 말에 마감하고 다음날 1일에 완성) 만에 만들 수 있는 것일까요?

무사시노의 사업은 같은 고객들에게 반복적으로 동일한 상품을 판매하는 특징이 있으므로 월별 매출이 크게 변동되지 않습니다(매출은 전날까지의 매출에 그 다음날 하루 동안의 매출만 더하면 됩니다). 가장 큰 경비는 인건비인데 15일에 마감해서 25일에 지급하므로 15일의 차이가 나지만 이 역시 큰 문제가 되지 않습니다.

매입이나 물품 구매는 매월 20일에 마감해 청구서가 월말까지

도착하고 그 금액을 당월 매입으로 처리합니다. 10일의 차이가 생기지만 상관없습니다. 최종적인 차이는 결산 때 수정하면 되니까요. 평월의 숫자는 명확함보다는 속도, 즉 빨리 숫자를 아는 것이 중요합니다.

결국 월말까지 알 수 없는 숫자는 재고뿐입니다. 그런데 재고도 월말에 정산하기 때문에 상관없습니다. 창고를 블록별로 나누어 A블록은 매월 첫째 주, B블록은 둘째 주, C블록은 셋째 주, D블록은 넷째 주, 이렇게 네 번으로 나누어 재고실사를 하고 그 차액을 월말에 반영하면 됩니다.

손익계산서와 재무상태표를 하루 만에 완성하는 법

[월말까지 알 수 있는 숫자]
- 매출(월별 매출은 크게 변동되지 않는다)
- 인건비
- 매입(월말까지 도착한 청구서의 금액)

[월말까지 알 수 없는 숫자]
- 재고: 창고를 4개의 블록으로 나누어서 일주일씩 재고실사

A	B	C	D
1주	2주	3주	4주

"오차는 월말에 계산한다"

재고실사를 월말 하루 만에 하려고 하면 잔업비가 발생하지만, 조금씩 나누어서 하면 잔업비가 생기지 않습니다. 재고실사를 하는 이유가 무엇인가요? 실제 수량과 장부상의 수량 차이를 알기 위해서가 아닌가요? 따라서 결산을 월말에 해야 하니 재고실사도 그때 해야 한다고 생각하는 것은 단순한 고정관념일 뿐입니다.

경영 판단에 필요한 것은 정확함보다 빠른 속도

대부분의 회사는 경리에게 정확함을 요구합니다. 그러나 제가 경리에게 요구하는 것은 빠른 속도입니다.

경영 판단에서 중요한 것은 '숫자를 빨리 아는 것'입니다. 집을 나설 때 지갑 안에 지폐가 몇 장 있는지 알면 되지, 잔돈까지 일일이 다 세어 보는 사람은 드물 것입니다. 회사도 마찬가지입니다. 95% 정도 정확하다면 매달 1일에 지난달 숫자를 아는 것이 좋습니다.

경리는 1엔(10원) 단위로 생각합니다. 일반 직원들은 1,000엔(1만 원)단위로 생각합니다. 하지만 사장은 100만 엔 단위(1,000만 원)로 생각합니다.

그저 사장인 제가 알고 싶은 것은 두 가지뿐입니다. 첫째, 회사 재정이 흑자인지 적자인지입니다. 적자라면 바로 대책을 세워야겠지요. 그리고 둘째는 흑자라면 전년 동월과 비교하여 많은지 적은지입니다. 사장에게 필요한 것은 앞의 두 자리 숫자이지 1엔 단위의 숫자가 아니라는 이야기입니다.

후쿠시마현 어드레스 주식회사의 타카오 노보루 사장은 경리 담당자에게 정확함보다 빠른 속도를 반복해서 강조합니다. 그는 "월 결산의 숫자는 회계사 또는 세무서에 보여주는 것이 아니다. 사장이 미래를 가늠하는 데 필요한 숫자이기 때문에 90% 정도만 정확하면 된다"고 말합니다. 따라서 100만 엔(1,000만 원) 단위로 알 수 있으면 된다고 결정했습니다.

어드레스에는 원래 베테랑 경리가 있었는데, "90% 정도 일치하면 되니 빨리 결산하고, 전표를 쓰지 않아도 되니 직접 컴퓨터에 입력하라"는 타카오 사장의 의견에 반발했습니다. 결국 그는 "그건 경리의 일이 아니다"라고 말하며 퇴직해버렸답니다. 어드레스는 할 수 없이 후임자를 채용했는데, 새로 들어온 사람도 그 일은 경리의 업무가 아니라며 일주일 만에 회사를 그만두고 말았습니다.

타카오 사장은 어드레스에는 경리 업무 경력자가 적합하지 않다고 판단해 회계를 전혀 모르는 신입에게 경리를 맡기기로 했습니다. 어떻게 되었을까요?

신입 직원은 경리 업무에 대해 별다른 선입견이 없었기 때문에 어떤 방식을 요구해도 "알겠다"고 대답했습니다. 그리고 별다른 반발 없이 열심히 일을 했습니다. 그 결과 숫자를 빨리 산출할 수 있게 되었습니다.

그렇다고 신입 직원에게 자금 관리까지 맡길 수는 없었습니다. 이때야 비로소 타카오 사장은 이 시대의 사장은 재무상태표의 숫자를 볼 수 있어야 함을 깨닫고, 은행 협상도 스스로 해야겠다는 각오를 했다고 합니다.

경리를 신입 직원으로 바꾸자 직원들의 의식도 바뀌었다고 합니다. 처음에는 과거에 경리가 작성하던 전표를 영업 담당자가 스스로 작성해야 했기에 업무량이 늘어나는 것에 대한 반발도 많았습니다. 그러나 타카오 사장은 사람이 없으니 그냥 하라고 밀어붙였다고 합니다. 그 결과 사장은 돈이 어떻게 흘러가는지 알게 되었고, 직원들 역시 각자 숫자에 대해 인식하기 시작하면서 태도가 달라졌다고 합니다.

기후현의 러블리퀸 주식회사도 100%의 정확도는 요구하지 않습니다. 다만 재무상태표와 손익계산서를 익월 1일에 만들도록 하고 있습니다. 경리 담당자는 "3일 정도면 정확한 숫자를 낼 수 있다"고 말했지만, 이노우에 회장은 다음 달 최선의 결정을 내리기 위해서는 정확하지 않더라도 숫자를 빨리 알려주는 것이 중요하다고 강조했습니다. 그는 "100만 엔 단위의 오차는 추후에 수

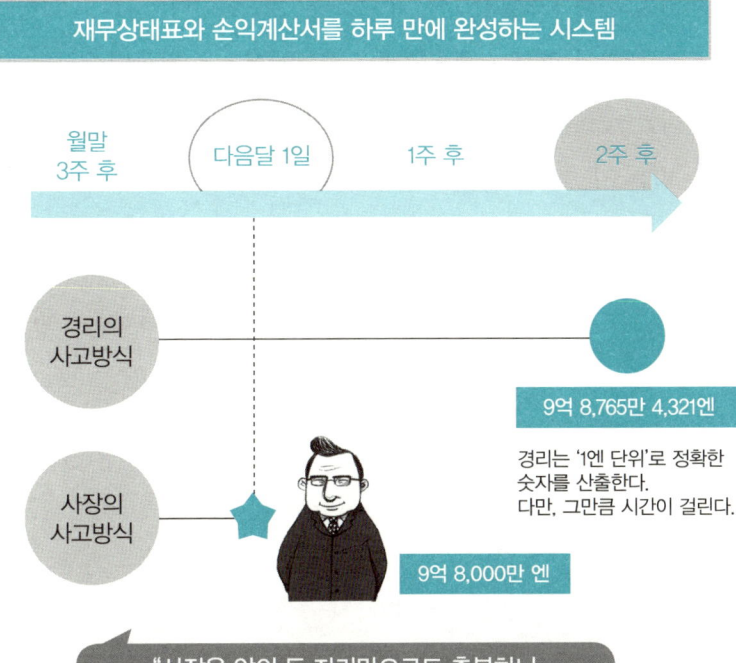

정하면 된다"고 말하며, 경리 담당자에게 정확함보다 빠른 속도를 요구했습니다.

패션의류 사업의 특징은 매입을 하여 제품을 만들고 판매하기까지 다소 시간이 소요된다는 것입니다. 따라서 러블리퀸에서는 월결산의 숫자를 반영하여 '3개월 선행계획'을 세우고 있습니다. 부서별(총 4개) 결산도 익월 1일이면 나오기 때문에 그날 부서

회의를 통해 3개월의 부서별 예산을 검토합니다. 그리고 그 숫자를 집계하여 회사 전체의 3개월 선행계획을 수정합니다. 또 재고실사를 종료한 날로부터 3일 후에 3개월까지의 경영 판단을 내릴 수 있는 시스템을 만들고 있습니다.

07 경리가 부정을 저지르지 못하게 한다

👤 자사의 경리 데이터를 모두 공개하라

무사시노에서는 회사 견학회를 실시하고 있습니다. 무사시노의 생생한 경영 현장을 보여주면서 돈을 버는 시스템을 해설합니다. 벤치마킹을 위해 방문한 많은 분들이 놀라는 것은 경리 업무와 관련된 부분입니다. 무사시노는 회사의 숫자를 숨김없이 공개하고 있습니다. 네트워크에 들어가면 누구나 회사의 재무상태표와 손익계산서를 볼 수 있고, 방문객들에게도 이를 프로젝터로 보여줍니다. 심지어 사장이 술집에서 접대비로 얼마를 사용했는지까지 모두 공개되므로 견학하러 온 사람들에게 반응이 좋습니다.

개인 정보의 일부를 제외하고는 각 부서의 경비, 급여, 상여 정보도 공개합니다(상여는 과장직 이상 및 A평가를 받은 일반 직원의 것을 실명으로 공개합니다). 또 공개한 경리 데이터를 보면, 전년도에 비해 올해 이익이 어느 정도인지, 경비는 얼마나 사용할 수 있는지 등을 알 수 있지요. 이처럼 모두 공개하기 때문에 직원의 협력을 얻을 수 있습니다.

직원이 경리를 감시하는 시스템을 만들어라

매월 부서별 결산자료가 나오면, 부서장은 '이렇게 열심히 일하는데, 우리 부서의 이익이 너무 적은 게 아닌가?' 하는 의문을 품을 수도 있습니다. 부서의 손익이 상여로 직결되니 무관심할 수는 없겠지요.

이상하다는 생각이 들 때 어떻게 하면 될까요? 회사 네트워크에 들어가 경비를 확인하면 됩니다. 예를 들어, 자신의 부서에서 다른 곳으로 이동한 직원의 인건비가 아직 계산되고 있다면 바로 경리부에 연락하면 됩니다. 이처럼 무사시노에서는 직원이 경리를 감시하고 있습니다. 대부분의 회사에는 숫자를 확인하는 시스템이 없어서 불가능한 일이지만 무사시노에서는 직원들이 눈에 불을 켜고 지켜봅니다. 때문에 경리가 부정을 저지를 수 없지요.

특별 강의록

일본 중소기업 넘버원 경영자의 실천 경험담

매출을 올리는 구조 만드는 법
리짜 사장님과 골칫덩어리 사원들의 매출 향상 분투기

일본의 대표적 경영대가 고야마 노보루.
그가 5년 만에 매출을 두 배로
끌어올린 비결은 무엇일까?

지금 당장, 그의 특별 강의록을 다운받아 보세요!
www.urx.nu/byof

판매가격 : 50,000원 → 0원!

선착순 500명 한정 증정

고야마 노보루의 강의에서 얻을 수 있는 4가지

하나, 효과적으로 매출을 올리는 독특한 운영법
둘, 비용을 들이지 않고 매출과 이익을 올리는 관리의 노하우
셋, 평범한 직원에서 돈 잘 버는 경영자가 된 비결
넷, 골칫덩어리 사원들을 회사의 인재로 키우는 방법

특별 강의록을 다운받는 법

1. www.urx.nu/byof 접속
2. 이메일 매거진 회원으로 등록
⋯ '매출을 올리는 구조'에 관한 저자의 PDF 강의록 파일을 등록한 이메일 주소로 보내드립니다.

※ 특별 강의록은 등록한 이메일 주소로 발송됩니다.
반드시 주소를 정확히 입력해주세요!

👤 현금잔고를 항상 숫자로 파악하라

매일 저는 '135(93)'와 같은 형식으로 표기된 숫자가 적힌 메일을 받습니다. 이 숫자는 매일의 회사 현금잔고인데, '전월 같은 날의 현금잔고가 9,300만 엔이었는데, 오늘은 1억 3,500만 엔이다'라는 의미입니다. 이렇게 현금잔고가 증가했다면 전혀 문제가 없습니다. 하지만 '93(135)'이라면 현금이 줄어든 것이므로 현금 회수가 늦어진 것인지, 매출이 줄어든 것인지 또는 경리가 부정을 저지른 것은 아닌지 문제제기를 통해 원인을 파악해볼 수 있습니다.

무사시노는 현금잔고가 '80(8,000만 엔, 약 8억 원) 이상'이 아니면 현금이 부족하게 됩니다. 그러나 2년 전에는 최고의 매출실적에도 불구하고 숫자가 '45'까지 하락했던 적이 있었습니다. 은행의 대출금 회수에 문제가 있었기 때문입니다. 최고 이익을 달성했기에 직원들은 상여를 많이 받을 수 있겠다며 기대하고 있었는데, 상여 지급률 90% 중 우선 50%만 지급할 수밖에 없었습니다. 무사시노가 보유한 현금이 과거 최저(45)였으므로 주고 싶어도 줄 수가 없었지요. 저는 모든 직원에게 대출금 회수 상황을 설명하고 50%의 상여를 먼저 지급하고 나머지는 돈을 빌린 후에 주겠다고 양해를 구했습니다.

사람은 믿어도 일은 믿지 않는다

대부분의 사장은 경리에게서 그저 숫자만 보고받습니다. 그런데 경리가 거짓말을 할 수도 있지 않을까요? 그래서 저는 가끔 경리에게 이렇게 말합니다.

"정말로 돈이 있는지 보여줘 봐!"

현금이 있다면 현금, 보통예금이 있다면 각 보통예금의 잔고를 인쇄하게 합니다. 사장은 은행에 돈이 있다고 믿었는데, 만약 경리가 제멋대로 해약했다면 어떡합니까? 많은 이들이 사람은 못 믿어도 일은 믿는다고 하는데, 저는 그 반대입니다. 경리 담당자는 믿어도 경리가 하는 일은 믿지 않습니다.

정기적인 인사이동과 장기 휴가로 부정을 막아라

경리의 부정을 막기 위해서는 정기적으로 인사이동을 하고 담당자를 바꾸는 것이 좋습니다. 무사시노에서는 1년 반~2년마다 경리 담당자를 바꿉니다. 경리 업무를 2년 정도 하면 부정을 저지를 수 있을 정도의 실력(?)을 갖게 되기 때문입니다. 경리 담당자가 두 명이면 입금 담당자와 출금 담당자로 구분해 1년마다 바꿉니다. 같은 경리라도 역할을 바꾼다면 부정을 저지를 수 없지요.

경리 담당자가 바뀌면 저는 일부러 출장전표를 틀리게 작성하여 테스트하기도 합니다.

'사장이 작성하니 괜찮겠지'라고 생각하는 경리라면 '사람은 믿어도 되지만 일은 믿을 수 없다'는 원칙을 모르고 있는 것입니다. 즉 상대방이 사장일지라도 확실하게 확인하고 보고해야 합니다.

이 밖에도 경리 담당자에게 장기 휴가를 주면 부정을 저지를 수 없습니다. 무사시노의 경리과장은 1년에 한 번, 월말부터 월초까지 9일간의 유급휴가를 써야 합니다. 그동안 부정을 저지르고 있었다면 반드시 들키게 되겠지요.

이처럼 무사시노는 부정을 할 수 없는 구조를 만들었습니다. 경리과장이 쉬는 동안에는 비정규직 직원 한 명이 근무하는데, 그는 주어진 업무만으로도 벅차서 부정을 저지를 여유조차 가질 수 없습니다.

요약 및 정리

- 경리 업무는 타인에게 맡겨라
- 경리에게 고급 업무를 요구하지 마라
- 품의는 모두 디지털로 관리하라
- 계정분류는 경리가 아닌 구매한 사람이 하게 하라
- 경영 판단에 필요한 것은 정확함보다는 빠른 속도다
- 현금의 잔고를 항상 숫자로 파악하라
- 정기적인 인사이동과 장기 휴가로 경리의 부정을 막아라

2장

사장의 두 번째 결정 :
재무상태표 중심의 계획을 세운다

01 회사의 결산서를 재검토한다

👤 손익계산서는 견해, 재무상태표는 현실

 대부분의 사장은 결산서를 자세히 보지도 않을뿐더러 제대로 읽지도 못합니다. 매출이 증가하고 있음에도 경영이 어려워질 경우, 재무제표 중 손익계산서의 숫자에만 신경 쓰고 재무상태표의 숫자는 보려고 하지도 않습니다.

 사장들 중 대다수는 '매출을 올리면 회사가 성장한다'고 생각합니다. 그래서 손익계산서의 숫자(판매액, 매출총이익, 영업이익, 당기순이익 등)에만 신경 쓰지요. 하지만 손익계산서의 숫자는 견해에 불과합니다. 이익이 났다고 해서 돈, 즉 현금이 있다고 할 수 없기 때문입니다. 이를테면, 50엔에 매입한 물건을 100엔에 팔면, 50엔을 벌 수 있습니다. 그런데 50엔을 벌어도 현실적으로는 외상매출금이기 때문에 현금이 아니지요. 이처럼 현금이 없으면 직원들에게 급여를 줄 수 없고 지급도 못하고 은행에 상환도 하지 못합니다. 따라서 이익은 견해에 불과합니다.

한편 재무상태표의 숫자는 현실입니다. 여기서 현실이란 곧 현금을 의미합니다. 회사는 현금으로 시작해서 현금으로 끝납니다. 사람 몸에 도는 피가 멈추면 사람이 죽는 것처럼 회사에 현금이 돌지 않으면 회사도 죽게 됩니다. 아무리 손익계산서상에서 흑자여도 자금이 융통되지 않으면(현금을 돌릴 수 없으면) 궁지에 몰릴 수밖에 없습니다. 2008년에 도산한 상장기업 중 실제로 3분의 2는 흑자도산이었습니다. 적자가 아닌데 어째서 도산한 걸까요? 그것은 그 회사에 현금이 없었기 때문입니다.

손익계산서에는 현금과 관련된 계정과목이 없습니다. 따라서 수중에 현금이 얼마나 있는지 파악하기 위해서는 재무상태표를 봐야 합니다.

무사시노는 1993년에 조명기구를 판매하는 조명 사업부를 설립했습니다. 주문을 받은 다음날 배송하는 서비스가 호평을 얻은 덕분에 매출은 견실했습니다. 5년간 매출과 이익 모두 증대시킨 실적을 얻었으나, 저는 이 사업을 철수하기로 결심했습니다.

손익계산서와 재무상태표

손익계산서

- 1년간의 업적을 정리해 얼마를 벌었는지와 얼마를 손해 봤는지 알기 위한 결산서
- 매출이 얼마나 올랐고 얼마를 경비로 사용하여, 최종적으로 얼마의 이익이 나왔는지 보여준다

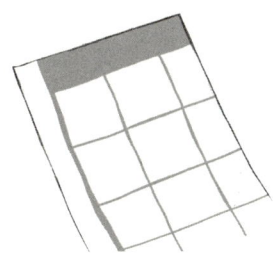

재무상태표

- 결산일 현재 회사의 재산상황을 정리한 표
- 자본금이나 이익잉여금이 얼마 있고, 얼마만큼의 돈을 빌렸고, 어떤 식으로 운용되고 있는지를 나타낸다

이렇게 결정한 중요한 이유 중 하나는 이 사업의 매출총이익률이 낮아졌기 때문입니다. 35%였던 매출총이익률이 25%까지 떨어졌고 투자자금의 회수가 늦어졌습니다. 매출채권의 회수 기간이 길었던 것도 자금의 융통을 압박했습니다. 외상매출금이 증가하면 현금화에 시간이 걸립니다. 상품은 꾸준히 팔리는데 현금은 좀처럼 들어오지 않습니다. 조명 사업부의 외상매출금이 전사의

이익을 웃돌 만큼 크게 부풀어 올랐습니다. 결국 흑자도산을 막기 위해 조명 사업부의 철수를 결정하게 된 겁니다.

치바현의 주식회사 치바안경 아베 히로시 사장은 현금이 잘 돌도록 점포를 여는 쇼핑센터로부터 보증금을 돌려받아야겠다고 생각했습니다. 현시세에 맞춘다면 보증금의 반 정도는 돌아올 것이고, 반이라도 돌려받으면 자금에 훨씬 여유가 생길 것 같았기 때문입니다.

아베 사장은 "점포 장사는 입지가 중요하기 때문에 사람들이 집세가 싸다는 이유로 입지를 선정하지는 않습니다. 반대로 어느 정도 비싸도 괜찮다고 생각하죠. 다만, 부동산 개발업자나 건물주에게 매출의 변화를 보여주고 조금 협력해달라고 협상해보는 것도 좋은 방법입니다"라고 했습니다. 아베 사장이 이런 대책을 고안해낸 것도 재무상태표를 보기 시작하고 나서부터입니다.

👤 결산서는 숫자놀음이 아니다

이와테현의 건설업체인 주식회사 오다시마는 주로 공공사업을 해왔습니다. 한때는 '일을 맡기만 하면 일한 만큼 벌고, 하는 사업마다 돈을 번다'고 할 정도로 상황이 좋았습니다. 당시 오다시마 사장은 재무상태표는커녕 손익계산서조차 신경 쓰지 않았지요.

그에게 있어 결산서는 그저 단순한 숫자놀음에 불과했기 때문입니다. 그는 공공사업은 입찰을 따느냐 마느냐에 달린 도박 같은 일이기 때문에 계획이 무의미하다고 생각했기에, "마지막으로 모두 합했을 때 마이너스가 아니라 벌고 있는 거라면 그것으로 됐다"고 말했습니다.

그러나 상황이 바뀌어 건설업계가 어려운 경영 환경에 처하게 되면서 공공사업 관련 공사가 1998년에 비해 반으로 줄었습니다. '일한 만큼 벌 수 있다'며 허풍만 떨고 있을 수 없는 상황이 되자 오다시마 사장도 회사 방침을 크게 변경하게 됩니다.

어떻게 바꿨을까요? 그는 동업자의 일을 뺏기로 결심했습니다. 사실 건설업계에는 '다른 지역의 일을 뺏으면 안 된다'라는 암묵적 동의가 있습니다. 하지만 저는 오다시마 사장에게 이렇게 물었습니다.

"사장님은 자신의 체면과 직원의 가족 중 어느 쪽이 더 소중합니까?"

"직원의 가족입니다."

"사장님은 그 지역의 명사로 추켜세워지길 원합니까, 아니면 직원의 가족들이 기뻐하는 것을 원합니까?"

"직원의 가족들이 기뻐했으면 좋겠습니다."

"그렇다면, 당신이 해야 할 일이 무엇인지 알겠죠?"

현재 오다시마 사는 숫자를 의식하는 경영을 하고 있습니다.

이를테면, 지금까지는 상품 A, B, C 세 개를 합쳐서 130엔에 구입하고 있었다고 칩시다. 하지만 역산해서 '상품 구입에 100엔밖에 지출하지 못한다'고 정해두면 상품 B를 조금 급이 떨어지는 상품 D로 바꾸든지 해서라도 합계를 100엔으로 맞출 수 있습니다. '되도록 싸게' 혹은 '노력할 수 있는 범위 내에서 싸게'라는 식의 표현은 애매모호해서 알기 어렵고 이에 맞춰 직원들이 행동하기도 힘듭니다. 따라서 오다시마 사장은 이제 "30엔 싸게 해서라도 이번 일을 따내라"라고 구체적으로 지시를 내립니다. 직원들도 한결 움직이기 편해졌습니다. 그는 이렇게 이야기했습니다.

"'결과적으로 1,000만 엔을 벌 것이다'가 아니라 '1,000만 엔을 벌기 위해서 어떤 행동을 해야 할까'를 생각하지 않으면 이익은 생기지 않습니다."

직원의 일은 손익계산서의 세계, 급여 지급은 재무상태표의 세계

일상적인 손익계산과 현실적인 돈 거래를 똑같다고 생각해서는 안 됩니다.

손익계산서는 직원과 사장이 힘을 합친 결과(매출, 이익 등)를 올바르게 계산한 것입니다. 그러나 돈이 어떤 식으로 움직였는지 (어떤 식으로 조달해서 어떻게 사용했는지)를 나타내는 것은 재무상태표입니다.

직원이 하는 일은 손익계산서의 세계에 해당되는 것이고, 직원의 급여는 재무상태표의 세계에 속한 것입니다. 손익계산서는 직원과 관계 있고 재무상태표는 은행과 관계 있다고 생각하면 이해가 쉬울 것입니다.

매출이 발생하면 외상매출금이 생긴 것인지 아니면 현금으로 받은 것인지, 매입을 할 때는 외상매입금으로 지급한 건지 아니면 현금으로 산 것인지의 차이입니다. 사람과 물건이 어떤 식으로 움직이고 더불어 돈이 어떻게 움직이는지를 파악하고 있으면 적자일지라도 도산을 면할 수 있습니다. 재무상태표의 의미를 이해하고 '현금(현금화가 용이한 자산)'을 늘려나가는 것이 흑자도산을 막을 수 있는 길입니다.

**계정과목
구성 방법을 바꾼다**

회사의 현실을 알려면 재무상태표를 보라

대부분의 사장들은 계정과목을 모른다는 이유로 재무상태표의 숫자를 보려고 하지 않습니다. 한편, 매출이나 매입, 급여와 같은 손익계산서의 숫자는 평소에도 자주 사용하므로 알기가 쉽지요. 따라서 손익계산서의 숫자만 보고 '이익이 나고 있으니 우리 회사는 괜찮다'며 안심하는 사장이 실제로 매우 많습니다.

반복해서 말하지만, 경상이익은 견해에 불과합니다. 현실은 현금입니다. 경상이익이 나고 있어도 현금이 없다면 도산할 수 있고, 적자일지라도 현금이 돌고 있다면 도산하지 않습니다. 그러나 손익계산서를 아무리 들여다봐도 회사의 현실, 즉 현금이 얼마나 있는지는 알 수 없습니다.

회사의 현실은 모두 재무상태표에 기록되어 있습니다.

10년간 총 500개가 넘는 회사에 경영지도를 해오면서 제가 단 한 개의 회사도 도산하지 않았다고 말한 이유는 재무상태표를 중심으로 이를 판단하기 때문입니다. 재무상태표를 중심으로, '장기적으로 어떻게 돈을 조달해서 어디에 사용할 것인지' 또 '외상매출금이나 재고 등 단기적으로 돈이 필요한 곳의 자금은 어떻게 마련할 것인지'를 계획하게 되면, 사업구조를 바꿔야 현금이 돈다는 사실을 깨닫게 됩니다. 그리고 그 계획을 달성하기 위해 '경영이익을 증가시켜야겠다' 혹은 '설비 투자를 그만해야겠다'는 식으로 사장의 결정이 명확해집니다.

손익계산서는 과거의 결과이기 때문에 바꿀 수가 없습니다. 하지만 재무상태표는 현 시점의 상황을 나타내는 숫자이기에 사장의 의사로 바꿀 수가 있습니다. 회사의 경영 전략은 어떤 숫자를 얼마나 가지고 있을지에 따라 정해집니다. 저는 의도적으로 '정기예금을 늘리자' 또는 '차입금을 늘리자', '차입금을 줄이자'라고 정하고 있습니다.

아이치현의 간호리프트 제조와 복지기기의 대여 및 판매를 하고 있는 주식회사 모리토MORITOH는 경영을 재무상태표 중심으로 전환한 모리시마 카쓰미 사장의 결정으로 인해 현금흐름이 개선됐습니다.

과거에는 '차입은 하지 않는다'는 방침을 가지고 있어서 자금 사정이 매우 좋지 않았습니다. 모리시마 사장은 정기예금을 깨고 개인자금을 회사에 투자해서, 이익이 나면 돌려받는 식으로 경영을 했습니다. 그런데 기계가 팔리면 팔릴수록 자금이 어려워졌습니다. '어째서 벌고 있는데, 돈이 없는 것일까?' 하며 곤혹스러워 했지만 그 원인을 알 수 없었습니다. 그는 손익계산서만 의지하고 있었기 때문에 돈을 벌 수 있는 부서에 투자하거나, 채산이 맞지 않는 사업은 철수하는 식의 결정도 할 수 없었던 겁니다.

더 이상은 안 되겠다고 판단한 모리시마 사장은 장기로 차입하는 것을 결정함과 동시에 장기적인 경영계획을 수립했습니다. 장기차입(10년)을 결정하고 나니 자금을 어디에, 어떤 식으로 사용할지, 얼마의 이익을 올리면 차입금을 상환할 수 있는지가 명확해졌습니다. 또 장기경영계획을 세우면서 미래를 예측하게 되니 미래로부터 역산해 지금 해야 할 일을 결정할 수 있었습니다.

모리시마 사장이 실전경영학원에 참가하기 전(2006년부터 참가)과 비교할 때 모리토의 현재 매출이 크게 오른 것은 아닙니다. 그러나 실적을 보면 경상이익이 10배, 직원 수는 2배 이상 증가한 것을 알 수 있습니다. 무슨 일이 생긴 걸까요? 전략을 어떻게 바꾼 걸까요?

모리토는 단순한 매입판매사에서 '메이커fabless(부가가치가 높은 개발 또는 설계만 하고, 제조는 외부에 의탁하는 시스템-옮긴이)사'로 전환했습니다.

의료기기 사업은 금액이 커도 이익률이 낮다는 특성 때문에 이익액이 남지 않습니다. 따라서 할인을 해서라도 매출을 올릴 것인지 혹은 가격은 그대로 유지하면서 생산량을 늘릴 것인지, 이익률을 올리기 위해서 어떻게 해야 할지, 이익액을 만들기 위해 무엇을 해야 하는지 등을 판단하면서 사업구조를 조금씩 바꿔나갈 필요가 있습니다. 모리토는 지금도 여전히 매입판매 및 대여사업을 하고 있지만, 자사상품인 간호용 리프트 '쓰루베'의 제조판매에 더 중점을 두기로 결정했습니다. 그 결과 총매출이 증가해 이익액을 남길 수 있게 되었고 장기차입금으로 로트Lot(1회 생산되는 특정수의 제품 단위-옮긴이) 생산에 따른 운영자금을 해결할 수 있었습니다.

은행은 재무상태표의 속 내용을 본다

재무상태표의 우측, '부채 및 자본'에는 지급어음, 외상매입금, 경비 미지급금 등 자금을 어디서부터 얼만큼 조달했는지에 대한 계정과목이 나열되어 있습니다. 이 순서는 현금화하기 쉬운 순서로 되어 있습니다. 내부유보와 당기의 경상이익을 제외하고 은행으로부터 얼마를 빌릴 것인지, 지급어음을 발행할 것인지 말 것인지 등은 사장의 의사로 결정할 수 있습니다.

재무상태표의 좌측, '자산'에는 현금 및 예금, 장기예금, 받을어음, 외상매출금, 재고자산 등 모은 돈이 어떤 자산으로 바뀌었는지에 대한 계정과목이 나열되어 있습니다. 이 순서 또한 자산을 조달하기 쉬운 순서로 되어 있습니다.

현금으로 얼마를 보유할 것인지, 얼마를 예금할 것인지, 토지를 소유할 것인지 빌릴 것인지도 사장의 의사로 결정할 수 있습니다. 자산의 조달금액이나 자산의 금액이 같아도 계정과목을 바꾸면 은행이 실시하는 재무평가(신용평가)가 바뀝니다. 은행은 재무상태표를 보고 돈을 빌려주기 때문에 은행으로부터 신뢰를 얻으려면 조금이라도 자금흐름에 유리하도록 재무상태표의 속을 의도적으로 바꾸어 신용등급을 올리는 것이 좋습니다.

계정과목을 잘 배치하면 은행의 신용등급이 올라간다

자금운용이란 의도적으로 재무상태표의 계정과목을 바꾸는 것을 의미합니다. 만약 자금 조달이 어렵다면 사장이 재무상태표의 숫자를 그냥 내버려두고 있기 때문일 수 있습니다.

재무상태표를 어떻게 배치하면 은행의 평가가 좋아질까요? 은행 신용평가등급을 올리기 위한 기본적인 방법은 다음과 같습니다.

- ✓ 자산은 상위에 표시되는 계정과목 쪽으로 숫자를 이동시킨다(현금화가 쉬운 자산 증가).
- ✓ 부채는 하위에 표시되는 계정과목 쪽으로 숫자를 이동시킨다(장기방식 자금 조달 증가).

자산은 고정자산(토지, 건물 등)보다 유동자산(현금 및 예금, 외상매출금, 받을 어음 등)이 많을 때 은행의 신용평가등급이 좋아집니다. 은행 입장에서 현금화하기 쉬운 과목이 많을수록 자금 회수가 쉬워지기 때문입니다.

반면 부채는 자금을 조달하기 힘든 하위 과목의 숫자가 클수록 신용평가등급이 상승합니다. 지급어음이나 외상매입대금보다 장기차입금이 클수록 회사의 신용도가 높다고 판단하며, 자본금과 내부유보가 많은지를 가장 우선으로 봅니다.

은행의 신용평가를 잘 받기 위한 방법

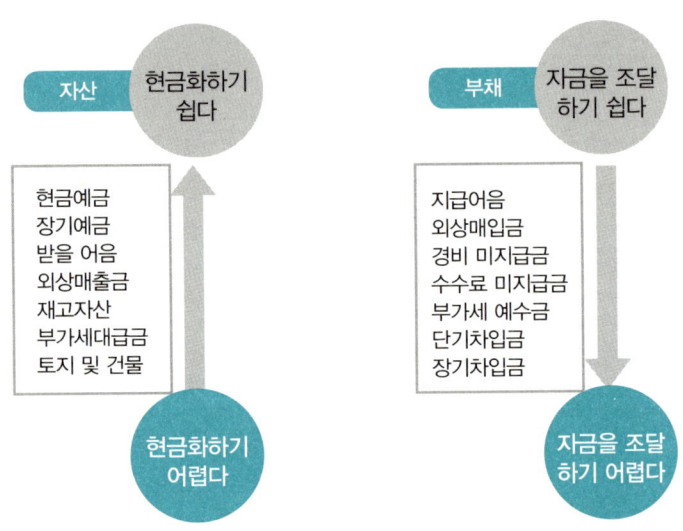

자산은 보다 상위과목으로, 부채는 보다 하위과목으로 숫자를 이동시킨다.
예를 들면,
자산과목으로는 고정자산 < 유동자산
부채과목으로는 유동부채 < 장기차입금 등

"계정과목을 작성하는 방법에 따라
자금의 흐름이 크게 바뀐다"

03 불필요한 자산은 갖지 않는다

토지는 보유하지 말고 빌려라

   2009년 일본 중소기업부서 경영품질상을 수상한 주식회사 슈퍼호텔은 건물 일괄 임대방식으로 점포 수(수상 당시 93개)를 늘렸습니다. 건물 일괄 임대방식이란, 토지의 활용을 고려하고 있는 소유주와 계약해 그에게 미리 보증금을 지급하고 건물을 짓게 한 후 이를 빌리는 방식을 말합니다.

   건물은 소유주가 지어주기 때문에 만에 하나 경영부진으로 도중에 해약하게 되더라도 손해 보는 것은 보증금과 위약금뿐입니다. 따라서 자사에서 토지를 소유하는 것보다 유리한 시스템이지요. 한편 소유주 입장에서도 보증금이 들어올 뿐만 아니라 호텔의 자산을 다른 사람에게 빌려줄 수 있어서 좋으니 서로 윈-윈할 수 있습니다.

한편 '다이에'가 '이토요카도'(다이에, 이토요카도는 일본의 종합 슈퍼마켓으로 한국의 이마트와 유사함–옮긴이)에 비해 경영이 어려운 이유는 건물을 직접 보유하고 있기 때문입니다. 다이에는 토지를 사서 건물을 세웁니다. 건물이 회사 소유일 경우는 계정과목이 고정자산인데, 자산의 변제를 이익으로 계산하기 때문에 현금이 남기 어렵지요. 반면 이토요카도는 자사에서 건물을 보유하지 않고, 임차료를 지출하고 있습니다. 다만 임차료는 비용으로 지출되므로 이익을 감소시킬 수 있습니다.

본사 건물을 소유하면 손해 볼 수 있다

사장이 되면 '나도 일국一國의 주인이니까, 토지를 사서 본사 빌딩을 세워야지'라고 생각하는 사람이 있습니다. 은행은 사장의 그런 심리를 꿰뚫어보고 "매물로 나온 토지가 있습니다"라고 하면서 융자를 권합니다. 이때 재무상태표를 중심으로 경영을 하지 않는 무지한 사장은 흔쾌히 융자를 받는데, 이것이 곧 자기 자신의 목을 조르는 꼴이 되고 맙니다.

토지와 건물을 보유하는 것이 경영이라고 이야기하던 시절이 있었지만, 그건 산업의 70%가 제조업(농업 포함)이던 시절의 사고방식입니다. 지금 일본의 산업은 70%가 서비스업입니다. 서비

회사 건물의 임대와 소유의 차이

경상이익이 5,000만 엔인 회사가

〈 건물을 임대할 경우 〉

※연간 임대료가 1,000만 엔(약 1억 원)일 때,
경상이익·························· 4,000만 엔(약 4억 원)
(임대료인 1,000만 엔을 비용으로 지출)
A) 세금(50%)················· 2,000만 엔 (약 2억 원)
B) 예정납세(25%)·············· 1,000만 엔(약 1억 원)

남은 현금
4,000만 − (2,000만 + 1,000만) = 1,000만 엔(약 1억 원)

〈 건물을 소유할 경우 〉

※연간 변제금액이 1,000만 엔(약 1억 원)일 때,
경상이익·························· 5,000만 엔 (약 5억 원)
(임대료가 없기 때문에 그대로)
A) 세금(50%)················· 2,500만 엔 (약 2억 5,000만 원)
B) 예정납세(25%)·············· 1,250만 엔(약 1억 2,500만 원)
자사 건물 구입 시의 변제금액········ 1,000만 엔(약 1억 원)

남은 현금
5,000만 − (2,500만 + 1,250만) − 1,000만
= 250만 엔(약 2,500만 원)

스업에서는 토지와 건물의 수보다는 재무상태표에 기재되지 않는 고객의 수가 많은 회사일수록 좋은 회사입니다.

회사의 빌딩을 세우는 것이 유리한지, 건물을 임대하는 것이 유리한지는 앞의 그림을 통해 살펴봅시다. 경상이익이 5,000만 엔(약 5억 원)인 가상 회사를 토대로 계산하면 그림과 같은 결과가 나옵니다.

토지와 건물을 보유하면 세금도 더 많이 내야 할 뿐 아니라, 현금이 묶이기 때문에 자금 흐름도 어려워집니다. 토지는 감가상각을 하지 않지만 건물은 감가상각비로 비용 처리가 되고 20년 이상의 시간이 걸립니다. 반면, 건물을 임대할 경우는 임대료가 비용 처리되어 이익이 줄어들므로 지급해야 하는 세금이 더 낮아집니다.

회사의 토지는 사장의 개인 회사에 매각하라

이미 토지를 보유하고 있다면 바로 매각하는 것이 좋습니다.

그렇다면 어디에 매각해야 할까요? 사장이 개인 회사를 만들어서 그 회사에 매각하면 됩니다(물론 개인적인 자금이 있어야 합니다). 그리고 회사가 사장의 개인 회사로부터 토지를 빌리면 됩니다. 그러면 자산이었던 토지가 비용화되기 때문입니다.

사장의 개인 회사는 임대수익이 생기므로 빚을 갚으면 되고, 회사는 토지를 매각한 돈으로 토지의 차입금을 변제하면, 자산과 차입금이 줄어 재무체질이 개선됩니다. 또 은행의 평가(신용평가)도 올라가니 자금 조달이 한결 쉬워집니다.

효고현에서 휴대전화의 1차 대리업무와 통신솔루션 컨설팅을 하는 주식회사 NSKK는 신용등급을 '2'로 한 단계 상승시킨 좋은 사례입니다. 카가와 마사노리 사장이 재무상태표를 중심으로 기간 내에 현명한 의사결정을 했기 때문입니다.

몇 년 전, 카가와 사장은 2억 엔(20억 원) 상당의 토지를 구입할 것인지 말 것인지를 결정해야 했습니다. 그도 처음엔 토지를 취득하려는 마음이 강했습니다. 카가와 사장은 말했습니다.

"휴대전화의 대리점 업무는 토지가 없으면 점포를 낼 수 없습니다. 물론 토지가 있다고 해서 점포를 무조건 낼 수 있는 것도 아니죠. 어쨌거나 토지가 입찰되면 비싸게 살 수밖에 없는데 어떻게 할지 고민되더군요. 결국 저는 사기로 결정했습니다. 만약 점포를 내지 못 하면 2억 엔(약 20억 원)으로 구매한 토지를 같은 해에 1억 5,000만 엔(약 15억 원) 정도로 팔면 되겠다 싶었죠. 5,000만 엔(약 5억 원)의 손해를 본다 해도 당시 손익계산서상 5,000만 엔의 이익이 났기 때문에 재무상태표에는 상처가 남지 않을 것이며, 점포가 하나 더 생길 가능성이 50%라면 토지를 사도 되지 않을까 싶었던 겁니다. 기간 내에 팔기만 하면 재무상태표에는 토지 관련 기록은 남지 않으니까요."

저는 처음엔 카가와 사장의 토지 구입을 반대했지만, 토지를 1억 5,000만 엔에 팔 자신이 있다는 그의 이야기를 듣고 그렇다면 좋다고 말해주었습니다.

그러나 토지를 구입한 후 NSKK는 '자산을 보유하지 않는다' 그리고 '배우자(부인)의 회사가 자산을 보유한다'라는 결정을 내렸습니다. 입찰로 토지를 1억 6,000만 엔(약 16억 원)에 구입했는데, 가격이 하락해 6,000만 엔(약 6억 원) 이상의 손실을 보게 됐고, 이 시점에서 부인의 회사에 이를 매각하기로 결정한 것입니다. 결과적으로는 토지 매각을 통해 자산과 관련 차입금이 제거되어 NSKK의 신용등급은 '3'에서 '2'로 개선됐습니다.

카가와 사장은 이렇게 말했습니다.

"손익계산서와 재무상태표, 현금흐름까지 이 세 가지의 움직임을 알게 되니 처음으로 '재무 상태를 알게 되었다'라고 말할 수 있을 것 같습니다. 재무상태표를 감각적으로 알게 되니 의사결정이 쉽고 회사가 한결 건실해진 것 같습니다. 경영이 굉장히 편해졌습니다."

불필요한 고정자산은 줄여라

골프 회원권을 계속 보유하고 있는 회사라면, 이를 파는 것이 좋습니다. 팔면 손해 본다며 골프 회원권을 계속 들고 있는 사장은 무지한 사장입니다. 예를 들어, 3,000만 엔(약 3억 원)에 구매한 골프 회원권의 평가가 500만 엔으로 떨어졌다면 당장 팔아야 합니다. 그 손실액 2,500만 엔(약 2.5억 원)이 이익을 감소시켜 세금부담이 줄어들기 때문입니다. 필요하면 500만 엔에 되사면 됩니다.

재고도 1년 이상 팔리지 않는다면 깨끗이 버리는 것이 현명합니다. 1년간 팔리지 않던 상품이 그 후에 팔리게 될까요? 저는 그렇게 생각하지 않습니다. 따라서, 버립니다. 재고는 재무상태표상에서는 '자산'이지만, 창고에서 먼지를 뒤집어 쓰고 있다면 '사산死産'입니다. 팔고 남은 상품으로 창고가 가득 차면 팔리는 상품을 보관할 공간이 줄어들어 판매의 기회를 잃게 됩니다. 묵혀 있던 재고를 처분하면 창고도 정리되고 현금 흐름이 좋아집니다. 단, 버리는 금액이 클 경우에는 사전에 회계사와 상담할 필요가 있겠지요.

외상매출금도 1년간 회수하지 못했다면 대손손실로서 비용으로 바꾸는 편이 좋습니다. 기후현의 포멀 앤 미세스 패션Formal & Misses Fashion, 주식회사 러블리퀸의 당시 사장이었던 이노우에 타케시 회장은 재무상태표를 경리에게 맡길 것이 아니라 직접 관리해야 한다는 것을 알고 2002년부터 2003년에 걸쳐 직접 자산 정리에 착수했습니다.

【러블리퀸의 노력】
- ✓ 블랙&포멀/ 파티 드레스의 재고를 줄인다. 업계에서는 재고를 보유하는 것이 일반적이지만 1년 이상 팔리지 않은 것은 깔끔하게 처분한다(손해를 봐도 좋으니 싼 값에 매각한다).
- ✓ 점포에 보관 중인 재고는 외상매출금으로 넘어가는데, 불필요한 외상매출금을 만들지 않기 위해서 점포 재고도 처분한다.
- ✓ 재고 처분에 반대하는 직원에게는 죽은 재고보다 살아있는 재고(신선도가 높은 상품)를 더 좋아해야 하는 이유를 설명해 납득시킨다.
- ✓ 물류센터를 LFC물류(회장과 사장의 개인회사)에 매각한다.
- ✓ 사업장은 임차하고 고정자산은 보유하지 않는다. 즉, 비용으로 처리한다.

이노우에 회장은 '자산은 보유하는 것'이라는 생각을 '고정자산은 늘리지 않는 것'이라는 생각으로 전환시켰습니다. 재고와 외상매출금 규모를 줄이자 총자산이 감소되었고, 이에 따라 은행의 차입금을 상환해 총부채도 줄일 수 있었습니다. 또 단기차입금을 줄이고 장기차입금을 늘려서 경영의 안정도도 높아졌지요.

자산의 계정과목이 적으면 적을수록 좋은 회사입니다.

저는 신용등급이 1인 회사의 재무상태표를 본 적이 있습니다. 그 회사에는 미수금이나 미지급금, 가불과 같은 '미'나 '가' 자가 붙은 계정과목이 없었습니다. 신용등급 1인 회사의 재무상태표는 매우 단순합니다. 그렇습니다. 좋은 회사의 재무상태표는 계정과목이 적습니다.

04 재무상태표를 매월 확인한다

 포스트잇으로 회사의 이상 징후를 발견하라

'비교 재무상태표'를 만들면, 재무상태표상의 숫자에 강해집니다. 비교표에 전기 숫자(이번 기 기초 숫자)와 이번 기 목표 숫자(기말의 예상 숫자)를 적습니다.

그리고 전기와 이번 기 사이에 공란을 만들어서, 공란에 포스트잇을 붙여 월 결산 기말의 숫자를 기재해나갑니다. 직접 손으로 숫자를 기입하다 보면 생소하던 계정과목도 금방 친숙해질 겁니다. 포스트잇에 적은 숫자가 기초의 숫자와 기말의 예측 숫자 사이에 있다면 정상이지만, 감소하거나 증가한 경우에는 이상하다고 볼 수 있습니다.

외상매출금이 기말보다 증가했다면 돈이 회수되지 않았거나 입금이 지연되고 있을 수 있습니다. 반대로 숫자가 줄었다면 판매부진을 고려해볼 수 있습니다. 어느 쪽이든 포스트잇에 숫자를 적어 보면 이상 상황을 놓치지 않고 알 수 있으며 이에 신속하게 대처할 수 있습니다.

비교 재무상태표를 만들어 이상을 발견한다

자산	제20기		제21기
1. 유동자산	665.2	741.0	743.6
현금	87.6	90.2	104.4
장기성 예금	120.0	122.0	124.4
받을 어음	100.0	117.0	119.2
외상매출금	92.6	115.5	110.4

외상매출금이 증가했다.
① 외상매출금이 회수되지 않았나?
② 고객의 입금이 지연되고 있나?

"숫자의 증감으로 상황을 빨리 파악할 수 있다"

아이치현에 위치한 나고야안경 주식회사의 고바야시 나리토시 사장은 포스트잇을 활용하여 기중 숫자의 증감을 체크합니다. 숫자가 대폭 증가하거나 감소하면 이상 징후이므로 어떤 식으로 돈이 흐르고 있는지를 재빨리 조사합니다. 고바야시 사장은 비교재무상태표를 작성하기 시작한 후부터 지급어음을 없애고 도산하지 않는 경영을 할 수 있게 되었다고 말했습니다.

재무상태표의 세계가
손익계산서의 세계보다 더 고통스럽다

치바현에 있는 주식회사 히카리시스템의 가네미츠 준요 사장은 파친코장을 경영하고 있습니다. 가네미츠 사장이 제게 "코앞에 경쟁업체가 생겼는데 어떻게 하면 좋을까요?"라며 상담을 요청한 적이 있습니다. 그때 저는 "고객들에게 구슬을 마구마구 내주어 해당 점포의 순이익을 '0'으로 만드세요"라고 조언했습니다. 전년도에 수억 엔의 영업이익을 기록한 점포에 '이익 제로'를 제안한 것입니다.

왜 그랬을까요? 그것은 경쟁업체를 완전히 지게 만들어 시장점유율을 뺏기 위해서였습니다. 구슬을 많이 내어주면 이익은 줄어들겠지만 고객 수는 증가하게 될 것이라고 판단했기 때문입니다. 게다가 가네미츠 사장의 당시 점포는 투자 회수가 진행되는 중이어서 손익계산서의 세계에서 싸울 자신이 있었습니다. 그러나 투자를 진행 중인 경쟁업체와 재무상태표의 세계에서는 싸울 수 없었습니다. 재무상태표의 세계는 차입금 변제나 자산투자로 인한 감가상각이 반영되는 곳이므로, 손익계산서의 세계보다 더 치열하고 고통스럽기 때문입니다.

결론적으로 성과는 매우 좋았습니다. 상반기에는 이익이 플러스 마이너스 제로였지만, 하반기에는 거의 전년도만큼의 이익을 거뒀습니다. 경쟁업체는 말 그대로 실패했지요. 만약 카네미츠 사장이 경쟁업체와 동일하게 서둘러 설비 투자와 점포개장에 힘쓰고, 동일한 리그(재무상태표의 세계)에서 싸웠다면 어떻게 되었을까요? 생각만 해도 끔찍합니다.

요약 및 정리

- ✓ 손익계산서는 견해, 재무상태표는 현실이다
- ✓ 회사의 현실을 알려면 재무상태표를 보라
- ✓ 계정과목을 잘 배치하면 은행의 신용등급이 올라간다
- ✓ 불필요한 고정자산은 줄여라
- ✓ 포스트잇으로 이상 징후를 발견하라

3장

사장의 세 번째 결정 :
직원들에게 경영자 의식을 갖게 만든다

01 예산관리는 부서별로 한다

👤 손익계획은 부서장이 작성하게 한다

무사시노에서는 부서별로 손익계획을 작성하고 있습니다. 1990년까지는 숫자의 의미를 이해하고 있던 제가 직접 각 부서의 손익계획을 작성했습니다. 그럼에도 각 부서장이나 점장들은 주어진 숫자의 의미를 이해하지 못했습니다. 그래서 각 부서의 책임자(주로 과장)에게 손익계획을 작성하도록 시켰습니다. 스스로 계획을 세워야만 어떻게 하면 이익이 나는지, 어떻게 하면 자신의 급여를 올릴 수 있는지 등을 실감할 수 있기 때문입니다.

직원들은 영업이익을 두 배로 내기 위해서는 매출을 두 배로 올려야 한다고 생각합니다. 그러나 사실은 다릅니다. 실제로 숫자를 시뮬레이션해 보면, 매출을 7~10% 올리면 영업이익이 두 배로 증가한다는 것을 알 수 있습니다.

이처럼 숫자를 알면, 매출이 계획보다 몇 % 떨어지면 적자가 되는지, 매출이 같을 경우 매출총이익률이 몇 % 오르면 영업이익을 두 배로 만들 수 있는지, 몇 %의 매출총이익률이 떨어지면 적자가 되는지, 상품을 10% 할인하면 영업이익에 얼마만큼의 영향을 미치는지와 같은 것을 이해할 수 있게 됩니다.

안경플라자는 점포별로 숫자를 따져보기 시작한 후부터 직원들의 눈빛이 달라졌다고 합니다. 직접 숫자의 의미를 이해하고 파악하게 되면 직원들도 '이 상태가 지속된다면 내 직장인 점포가 없어질지도 모른다', '숫자를 플러스로 만들지 않으면 내가 있을 곳이 없겠구나' 등 현실을 직시할 수 있기 때문입니다.

간혹 직원들 중에 목표가 너무 높다고 불만을 표시하는 이들도 있습니다. 그럴 때 저는 "그것은 당신의 월급을 올리기 위해서"라고 설명합니다. 직원의 월급을 올리기 위해서는 매출이 지금과 같아서는 안 됩니다. 올해 매출이 100, 내년에 100, 내후년도 100이라면, 이렇게 매출은 계속 100인데 월급을 100, 105, 110으로 올릴 수 없겠지요. "고생을 해서라도 많은 월급을 받는 것이 옳지 않나요? 여기에 불만이 있습니까?"라고 물으면, 직원 모두 "없습니다"라고 대답합니다.

👤 내근 부서도 손익계획을 설정한다

무사시노에서는 총무, 경리, 전산부 등의 내근 부서도 손익계획을 작성합니다. 내근 부서는 매출이 없기 때문에 타 부서로부터 매출총이익액을 사전에 배부받습니다.

무사시노의 손익계획 작성법

1. 임원이 각 부서의 영업이익을 대략적으로 계산한다.
2. 대략의 영업이익을 부장이 검토 및 수정하여, 각 부서의 영업이익을 결정한다.
3. 부장은 과장들에게 부문별로 자세한 숫자를 할당한다.
4. 과장은 자체 개발한 '사장의 결정 소프트(경영계획을 자동화시킨 시뮬레이션 프로그램)'를 사용하여, 담당 부문의 손익계획을 작성한다.
손익계획은 일반적으로 '매출 → 매입 → 경비 → 인건비…'의 순서로 계산하지만, '사장의 결정 소프트'는 이 영업이익을 벌기 위해서는 얼마의 경비가 필요하고, 얼마의 총이익을 달성해야 하는지와 같이 역산 방식으로 계산된다.
5. 모든 부서에서 손익계획을 작성하면 결과를 집계하여 사장이 예상하는 이익과 비교하는데, 이때 차이가 크다면 다시 작성한다. 기본적으로 전년도의 이익보다 낮아서는 안 된다.
6. 연간의 손익계획으로부터 월별 배분을 할 경우에는 단순히 매출 목표를 12로 나눌 것이 아니라, 계절의 변동도 고려한다.

각 사업부가 계획을 세운 단계에서는 매출총이익률 51% 이상의 부서는 매출의 10%, 50% 이하의 부서는 매출의 5%의 '본사비(본사 운영을 위한 공통비로 소비세와 비슷한 개념-옮긴이)'를 징수합니다. 각 부서의 목표치가 높아질수록 본사비가 많이 들어오게 됩니다. 그리고 모은 본사비를 내근부서에 사전 배부합니다.

배부된 본사비(매출총이익액)를 기준으로 관리부서가 계획을 작성하는데, 전기에 들어간 인건비와 비용을 고려하되 영업이익 제로의 계획을 작성합니다. 예정보다 비용이 많이 들면 적자가 되기 때문에 상여가 줄어듭니다. 또 임대료를 협상하여 임대료가 줄면 이익이 나기 때문에 상여가 올라가는 구조입니다.

이처럼 회사의 숫자를 사전에 배부하면 직원은 어떤 식으로 하면 비용을 낮출 수 있는지, 영업 개선을 위해서 무엇을 해야 하는지를 자발적으로 생각하게 됩니다. 혹여 기말에 계약직이 한 명 퇴직한다고 해도 충원을 바라지 않습니다. 사람을 새로 뽑지 않으면 인건비가 줄게 되고 이것이 고스란히 부서 실적으로 평가되기 때문입니다. 사람을 충원하면 인건비가 오르니까 상여도 오르지 않는다는 것을 알기에, '현재의 인원으로 열심히 일하자'라고 생각하게 되지요. 이것이 바로 '경영자 의식'입니다.

내근 부서에도 숫자를 사전에 배부한다

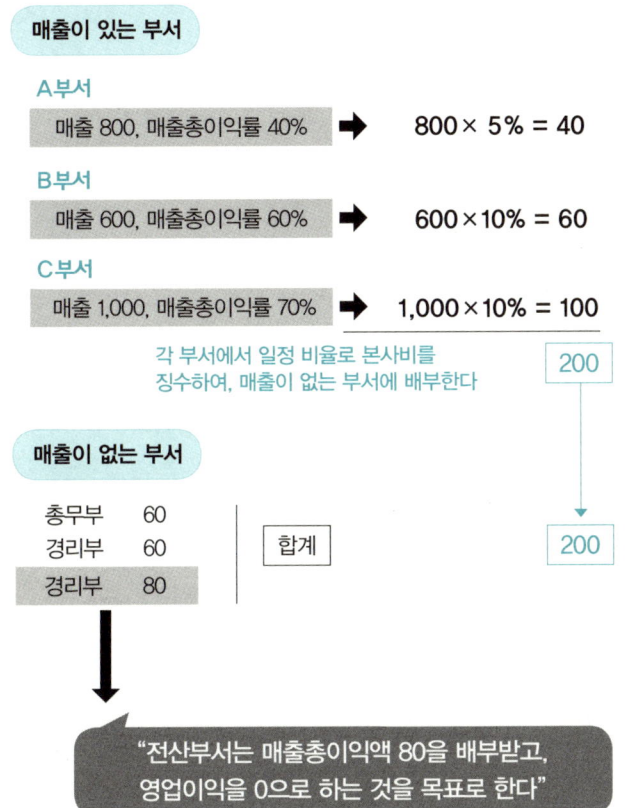

숫자는 부서장이 발표한다

👤 부서장은 부서별 실적 관련 숫자를 스스로 조사한다

무사시노에서는 경영계획서와 경영계획자료를 부서장이 직접 작성합니다.

경영계획자료는 실제 실행을 위한 정보(인원, 자산, 자금, 매출, 경비 등)를 숫자로 나타낸 관리자료인데, 이 자료에는 각 부서 혹은 점포별 손익과 실적을 기입할 수 있는 월별 손익이 포함되어 있습니다. 또 월별 손익에는 매출, 매출총이익, 인건비, 비용 등의 세부항목과 각각의 목표가 적혀 있습니다. 전년도 실적과 목표는 이미 인쇄되어 있지만, 실적은 공란으로 부서장이 직접 매

부서장이 담당 부서의 숫자를 기입한다

항목	금액	구분	5월 당월	5월 누계	6월 당월	6월 누계	7월 당월	7월 누계	8월 당월	8월 누계
매출	1952.0	목표	164.0	164.0	166.0	331.0	181.0	510.0	166.0	675.0
		실적								
		전년	153.6	153.6	141.1	294.7	166.8	461.5	146.8	608.3
매출 총이익	1192.0	목표	101.0	101.0	101.0	202.0	111.0	313.0	99.0	415.0
		실적								
		전년	94.7	94.7	85.5	180.2	104.6	284.8	88.7	373.5
인건비	524.0	목표	44.0	44.0	49.0	90.0	48.0	139.0	44.0	182.0
		실적								
비용계	674.0	목표	56.0	56.0	60.0	115.0	61.0	178.0	55.0	233.0
		실적								
본사비	188.0	목표	15.0	15.0	16.0	33.0	18.0	49.0	17.0	65.0
		실적								
영업 이익	330.0	목표	28.2	28.2	22.7	51.1	32.9	83.9	25.9	110.1
		실적	25.5							
		전년	19.8	19.8	8.7	28.5	32.7	61.2	19.7	80.9

실적이 목표와 전년도 실적 사이에 있으면 정상
높거나 낮으면 이상

"스스로 숫자를 조사하고 기입해서 발표하면 숫자에 관심을 갖게 된다"

월 손으로 작성합니다.

    부서별 실적은 부서장 회의에서 각자 발표합니다. 경리 담당자가 발표하는 것이 아니라, 각 부서장이 직접 조사하여 발표한다는 것이 무사시노의 특징입니다. 보통의 회사는 경리가 계산한 데이터를 배부하지만 그렇게 되면 다른 사람의 일이 되어버리므로 좋지 않습니다. 사람은 자신이 직접 한 일에만 흥미를 갖기 때문입니다. 이러한 이유로 부서장이 직접 숫자를 조사해 스스로 기입하고 직접 발표하게 하는 것입니다. 그리고 타 부서의 장은 발표된 숫자를 공란에 채워나갑니다.

    이 밖에도 무사시노에서는 '힘이 나는 시스템'이라는 소프트웨어를 도입했습니다. 이 시스템은 어느 장소에서나 열람이 가능하며, 매일의 부서별 손익을 알 수 있고 시간대별로 숫자를 좇아갈 수도 있습니다. 부서장은 회의 전날까지 매출, 매출총이익, 경비, 인건비 등의 숫자를 직접 조사해서 경영계획자료를 작성합니다. 만약 숫자 조사를 깜박했다면, 1,000엔(약 1만 원)의 벌금을 냅니다(벌금은 직원 여행 경비 등으로 사용됩니다). 벌금 때문인지 부서장은 모두 회의 전날까지 서둘러 숫자를 조사합니다. 벌금을 내기 싫다는 불순한 동기일지도 모르지만 불순해도 상관없습니다. '불순한 동기로 일을 하는 회사도 좋은 회사'라는 것이 저의 지론입니다.

힘이 나는 시스템으로 숫자를 매일 갱신한다

힘이 나는 시스템 : 원파일 표시 소프트웨어

파일(F)　　　　　　　Help(H)　　　　　　　종료(×)

판매관리

경리일자처리 : 2010년 10월 12일까지 종료했습니다.

힘 이 나 는 시 스 템

| 상태 | | | 2010/10/13 | | 13:53 | |

계		전체				
합계/H22 09			부:부서명	과:업무과명	계:담당자명	
			4:사업부			
			0:합계	1:그 외		
항목순 : 항목명	키		00:합계	00:합계	11:제	12:제
001:매출	1		168,550,712.	50,326,611.	13,894,816	11,864,021.
002:전기 · 매출	1		170,447,838.	49,909,286.	0	25,696,957.
003:매출원가	1		56,977,013.	18,679,549.	4,680,390.	4,131,712.
004:매출총이익	1		111,573,699.	31,647,062.	9,214,426.	7,732,309.
005:전기 · 매출총이익	1		117,567,832.	32,523,630.	0	17,748,208.
006:판매비 및 일반관리비	1		85,945,670.	14,757,326.	4,592,495.	4,067,217.
007:판촉비	1		5,368,970.	1,531,510.	489,677.	503,673.
008:개척비	1		1,454,234.	479,204.	246,176.	233,028.
009:판매촉진비	1		3,712,040.	674,654.	169,888.	207,939.
010:광고선전비	1		162,155.	0	0	0
011:소모자재	1		40,541.	377,652.	73,613.	62,706.
012:인건비	1		60,265,371.	9,986,681.	3,556,945.	3,001,323.
013:임원보수	1		0	0	0	0
014:직원급여	1		22,189,440.	4,134,574.	939,558.	915,579.
015:복리후생비	1		3,491,647.	557,891.	119,628.	92,996.
016:관리잡급여	1		16,290,679.	1,640,362.	481,473.	481,468.
017:렌탈잡급여	1		160,140.	0	0	0
018:렌탈수수료	1		14,660,046	3,391,203.	1,951,023.	1,440,180.
019:연수회의비	1		238,371.	58,123.	20,209.	8,209.
020:통근교통비	1		1,695,240.	204,528.	45,054.	62,891.
021:상여	1		1,539,808.	0	0	0

👤 부서별로 숫자를 발표해 직원의 의욕을 고취한다

이바라기현에 위치한 다이도 청과 주식회사의 스즈키 토시지로 사장은 경영계획서를 만들고 난 후부터 모든 직원이 숫자를 제대로 의식하기 시작했다고 말합니다. 실전경영학원에 들어온 지 3년째가 되던 해, 스즈키 사장은 경영계획서를 만들고 싶다며 상담을 요청해왔습니다. 저는 "일단, 틀만 짜놓고 목표의 숫자는 기입하지 않아도 되며, 실적만 넣으면 됩니다"라고 조언했습니다. 틀을 만드는 것만으로도 의미가 있으며, 그것조차 하지 못하는 사장이 많기 때문이었지요. 스즈키 사장은 재빨리 총무부장을 불러 틀을 만들게 했습니다. 곧 총무부장이 센스 있게 목표로 하는 숫자를 기입했습니다. 다이도 청과에서는 본래 부서 및 개인별 목표 숫자를 관리하고 있었기 때문에 그 숫자를 틀 안에 명확하게 넣을 수 있었던 것입니다.

다이도 청과는 도매회사이므로 품목별로 담당자가 정해져 있습니다. 토마토 담당이라면 1년 내내 토마토를 팝니다. 오이 담당자는 1년 내내 오이를 팝니다. 따라서 경영계획자료에는 매출총이익, 영업이익, 인건비, 비용 등의 숫자를 회사 전체, 부서별, 개인별로 기재할 수 있도록 되어 있습니다. 예를 들면, 토마토 담당은 토마토 매출 목표액과 관련 비용을 기재하면 됩니다.

목표와 관련해 진행 상황을 파악할 수 있도록 담당자가 매일 손으로 기록하는 것이 기본입니다. 눈으로 보기만 하는 것이 아니라 직접 써 본다면 숫자를 보다 강하게 의식할 수 있습니다.

스즈키 사장은 "직원들이 자신이 기입한 숫자가 회사의 숫자로 이어진다는 것을 의식하게 되었습니다. 예전에는 매출총이익과 매출의 차이를 모르는 직원도 있었지만, 이제는 돈의 흐름을 생각하면서 일을 하고 있습니다"라고 말했습니다.

스즈키 사장은 한 달에 한 번, 개인의 숫자, 부서의 숫자, 은행으로부터의 차입, 재무상태표의 숫자 등을 직접 손으로 작성합니다. 기입하는 것에만 2시간이 족히 걸리지만 이 시간을 통해 회삿돈의 흐름과 사람의 움직임을 한눈에 시각화할 수 있기 때문입니다. 또 그는 언제든지 회사의 숫자나 상황을 파악하기 위해서 은행의 담당자명이나 주식의 일람표 등도 경영계획자료에 붙입니다. 경영계획서와 경영계획자료, 이 두 개만 있어도 회사의 거의 모든 것을 알 수 있습니다.

군마현에서 재활용품 전문숍을 운영하는 주식회사 프리마베라의 요시카와 미쓰히데 사장도 무사시노의 방법을 배워 경영계획서를 작성하고 부서별로 숫자를 보기 시작했습니다. 예전에는 목표와 실적은 관리했으나 전기 실적은 고려하지 않았습니다. 그렇기 때문에 비교를 할 수 없었지요. 목표 숫자만 있으면 직원들은 으레 어차피 목표를 달성하지 못할 것이라 생각해 의욕을 상실하기 십상이고, 세무사도 "목표를 이루긴 힘들 것 같은데, 괜찮으십니까?" 하며 걱정합니다. 그래서 전기의 숫자와 비교할 필요가 있는 것입니다. 매출, 매출총이익, 영업이익, 이 세 가지 항목에 전기 숫자를 기재하면 과거의 자신과 현재의 자신을 비교할 수 있습니다.

특히 프리마베라에서는 특이사항란을 마련해 전기와의 실적을 비교할 뿐만 아니라 매출이 오르거나 떨어진 이유 역시 기입하게 합니다. 이렇게 하면 '스타의 사인회를 개최한 덕에 매출이 올랐다'라든지 '점포의 영업일 수가 줄어 매출이 떨어졌다'처럼 성공이나 실패 요인을 알 수 있어서 다음 기회를 살릴 수 있습니다. 게다가 매출, 매출총이익, 영업이익, 이 세 가지가 전년도에 비해 올랐는지 혹은 떨어졌는지에 따라 상여 점수를 정하기 때문에 특히나 점장은 필사적이 됩니다. 이렇게 점장이 필사적이면 아르바이트생까지 열심히 일하게 됩니다.

프리마베라에서는 코믹부서, 동인지부서 등 전부 11개의 부서(점포)가 있으며, 각 부서는 자신의 전년 대비 성장률과 경쟁하고 있습니다. 즉, 목표에 대한 달성률이 아니라 과거의 자신과 비교해서 가장 많이 성장한 부서에 상금과 상장을 수여하는 것입니다. 그 외에도 '기네스'라는 평가제도를 만들어 그 점포의 최고 기록을 갱신한 점포에도 두둑한 상금을 부여하고 있습니다. 점포의 성적이 자신의 보수로 이어지기에 직원들도 의욕이 생깁니다.

2년 연속 적자를 내면 부서장이 교체된다

무사시노의 부서장은 2년 연속 적자를 내면 교체됩니다. 교체되기 싫다는 불순한 마음에서라도 부서장들은 숫자에 전념할 수밖에 없지요. 더욱이 무사시노는 타 부서의 부서장도 숫자를 공개하므로 적자 부서가 어디인지 바로 알 수 있습니다.

한때 카페 사업부의 Y부장은 부장직을 그만두고 싶지 않아서 '손익분기점까지 인원을 줄이겠다'라고 결단했습니다. 그는 다섯 명의 직원 중에 한 명만 남기고, 네 명을 다른 부서로 이동시켰습니다. 물론, 자신의 위치를 생각했을 때 Y부장도 많이 고민했을 것입니다. 부하를 놓아주게 되면 느긋하게 부장 자리만 지키고 앉아 있을 게 아니라 본인 역시 현장으로 나가야 하기 때문입니다. 하지만 Y부장은 결단을 내렸습니다. 그렇게 Y부장은 몸소 실력을 발휘해 성과를 올린 덕분에 그 해의 사장상을 획득했습니다. 인건비를 줄였을 뿐만 아니라, 적은 인원으로 매출을 올렸기 때문입니다. 그때 남은 단 한 명의 직원이 홈인스테드 이노우에 타케시 부장입니다.

03 회사와 개인의 이익을 연동시킨다

 직원의 경영자 의식은 주식의 보유 여부와 상관없다

직원들이 경영자 의식을 갖도록 하기 위해 직원들에게 회사의 주식을 주는 사장들이 있습니다. 무사시노의 창업자인 고 후지모토 토라오도 그랬습니다. 그러나 주식을 나눠준다고 직원들에게 경영자 의식이 생기는 것은 아닙니다. 한 가지 더 말하자면, 중소기업은 주식을 분산시키지 않는 편이 좋습니다. 주식의 67% 이상(3분의 2 이상)을 소유주에게 집중시켜야 경영의 안정을 도모할 수 있기 때문입니다.

그렇다면, 어떻게 해야 직원들에게 경영자 의식이 생길까요?

회사나 부서의 이익과 개인의 이익을 연동시키는 구조를 만들면 됩니다. 회사에서 일하는 계약직을 포함한 모든 직원의 최대 관심사는 '자신이 받을 수 있는 돈'입니다. 따라서 부서의 이익이 증가하면 개인의 상여가 증가하고, 부서의 이익이 줄어들면 개인의 상여가 줄어드는 시스템이 필요합니다.

사실 직원들은 회사가 돈을 잘 벌든 못 벌든 관심이 없습니다. 회사의 이익이 줄어도 자신과는 큰 상관이 없다고 생각하기 때문입니다. 그러나 부서의 업적이 상여 혹은 승진과 긴밀하게 연동된다는 것이 명확해지면 관심을 갖게 됩니다. 부서의 이익이 개인의 인사평가로 이어지게 만들면 직원들도 필사적으로 노력하게 되는 것이죠.

따라서 경영자 의식을 갖게 한다는 것은 직원에게 성과를 내지 못하면 경제적으로 손해를 본다는 사실을 자각시키는 것입니다. 사장은 회사가 망하면 자신의 재산이 없어지기 때문에 필사적으로 경영을 합니다. 직원도 마찬가지입니다. 소속부서의 이익이 하락하면, 자신의 상여도 줄어든다는 것을 알게 되면 손해가 나지 않도록 노력하게 되고, 고객이 늘어나면 자신의 상여도 늘어나기 때문에 부하를 열심히 교육하고 고객의 만족도를 높이려고 애쓰게 됩니다.

도쿄에 위치한 분쇼도인쇄 주식회사의 하시모토 쇼이치 사장은 회사 신조를 '직원의 급여는 줄이지 않고 계속 늘려간다'로 정했습니다. 그는 "직원들에게 회사의 재정 상황을 숫자로 보여주고, 짧은 시간 동안 제품을 많이 만들지 않으면 회사가 존속할 수 없다는 사실을 인지시킵니다. 그러기 위해서는 직원과의 소통도 좋지만 결국 환경 정비와 급여가 가장 중요합니다"라고 말했습니다.

직원들은 자신의 이익, 즉 돈과 관련되지 않은 일에는 웬만해서는 흥미를 갖지 않습니다. 그렇기 때문에 노력을 하면 그만큼 급여가 올라간다는 것을 알려줄 필요가 있습니다. 사장이 구체적인 숫자를 결정해도 직원들이 같이 실행하지 않는다면 그림의 떡일 뿐입니다. 또 노력을 해도 평가가 변하지 않는다면 노력을 하지 않는 직원이 정상 아닐까요?

비교할 때는 전년도의 나의 실적과 비교하라

성과는 작년에 자신이 올린 성과에 비해 얼마만큼의 성과를 올렸는가로 평가하면 공평합니다. 인간은 타인과 비교당하면 의욕을 상실하게 됩니다. 이치로 선수와 비교를 당한다면 누구나 야구를 계속할 수 없을 것입니다. 성적이 좋은 사람과 자꾸 비교한다면 결국 노력할 생각을 하지 않게 됩니다. 신입 직원이 베테랑 직원과 비교를 당하는 순간 의욕이 사라지는 것입니다.

그렇다면, 무엇과 비교하는 게 좋을까요?

'과거의 자신'과 비교하면 됩니다. 저는 이 진리를 딸에게서 배웠습니다. 입시를 앞두고 학원에서 치른 모의고사에서, 제 딸의 성적은 700명 중 뒤에서부터 세는 것이 더 빠른 순위였습니다. 그래서 저는 직접 딸에게 공부를 가르치기로 마음먹었습니다. 저는 매번 딸이 치른 지난번 모의고사와 비교할 때 어느 부분의 실력이 좋아졌는지를 검토하면서 공부를 시켰고, 그렇게 시간이 지나자 딸애의 등수가 점점 오르더군요. 그렇게 딸의 입시 공부를 교훈 삼아서, 저는 '다른 사람, 다른 부서와 비교하지 않는다', '1년 전의 개인 및 부서의 숫자와 비교한다' 등을 기본으로 하여 평가 시스템을 도입했습니다.

자신과 비교를 하면, 아무도 불평할 수 없습니다. 따라서 직원들은 회사의 숫자, 부서의 숫자, 자신의 숫자를 의식하게 됩니다.

타인과 비교하지 않고 전년도의 나와 비교

경영서포트 본부 도우미

구분	기간 실적	5월	6월	7월	8월	9월	10월	누계
매출	전기	126.8	93.4	98.4	113.0	96.6	85.9	614.2
	이번 기	105.8	146.2	129.1	100.6			481.5
매출 총이익	전기	107.3	64.6	69.4	87.8	64.6	61.3	455
	이번 기	75.4	102.	94.0	71.0			359
영업이익	전기	58.3	7.9	25.8	34.4	13.6	7.5	147
	이번 기	14.1	38.8	4.7	4.7			68
신규	증감	8건	1사	2사	6사			17

↓ 전기의 숫자와 자신의 숫자로 평가를 정한다.

(주)무사시노 개인평가표

☐ 의 부분은 모두 채워서 제출할 것

01×년 47기 상반기 기관부문

입사연월일	VM번호	부서명	등급·그룹	이름	기초 본인확인 년 월 일	기초 상사확인 년 월 일
					기말 본인확인 년 월 일	기말 상사확인 년 월 일

	기초점수	그룹(※표1 참조)	배율(※표1 참조)	합계 소수 첫 번째 자리에서 6부터 반올림
실적평가점	④	0.	6배	
중점 사항				
프로세스 평가점	⑤	0.	6배	
방침공유점			3배	
환경정비점	⑥	1. 배		
총합점				

※표1

	환경정비 배수	실적 비중	프로세스 비중
1G	1.1배	30%	70%
2G	1.1배	30%	70%
3G	1.2배	50%	50%
4G	1.5배	70%	30%
5G	1.7배	80%	20%
6G	1.7배	80%	20%

※ ④⑤는 소수 첫 번째 자리까지 기입한다. ⑥은 정수로 기입한다.
※ 위의 칸은 소수 첫 번째 자리에서 6부터 반올림하여 정수로 기입한다.
※ 최저 0.5~최고 1.5까지. 소수 셋째 자리에서 6부터 반올림하여, 소수 두 번째 자리까지 기입한다.
※ 아래의 칸은 소수 둘째 자리에서 6부터 반올림하여 소수 첫째 자리까지 기입한다.

1. 업적평가

항목	목표				평가점		점수=①×②×③
	① 비중	전년동기 실적	당기목표	당기실적	② 달성도	③ 곤란도	
1. 개인항목	20					1.0	
2. 전년 대비 매출총이익액	20					1.0	
3. 전년 대비 영업이익액	20					1.0	
				실적평가 점수합계		④	

04 매출총이익과 영업이익으로 직원을 평가한다

👤 비교할 때 필요한 두 가지 잣대

매년 직원을 평가할 때는 매출총이익과 영업이익, 이 두 가지가 기준이 됩니다. 어째서 이 두 개의 이익으로 평가하는 것일까요? 무사시노는 3년 동안은 직원이 놀면서 아무것도 하지 않아도 이익이 나오는 회사이기 때문입니다. 놀고 있어도 이익이 난다는 의미가 무엇일까요?

무사시노의 사업 특징은 같은 고객들이 반복해서 서비스를 이용한다는 것입니다. 따라서 같은 고객에게 반복해서 상품을 판매하면 따로 신규 개척을 하지 않아도 이익이 납니다. 사실 신규 개척을 하면 개척 비용이 들기 때문에 그만큼 이익이 줄어들고, 이익이 줄면 평가가 떨어지기 때문에 아무것도 하지 않는(신규 고객을 늘리지 않고 같은 고객으로 이익을 올리는) 직원이 정상이 됩니다. 직원은 사장보다도 머리가 좋기 때문에 이익을 셈하는 잣대가 하나뿐이면 바로 샛길을 찾는다는 걸 명심해야 합니다.

매출로 평가해서는 안 된다

그렇다면 왜 매출로 직원을 평가하지 않는 것일까요? 매출로 평가하면 값을 내려 적자가 되기 때문입니다. 무사시노에서는 매년 명절에 '가장 많은 도움을 주는 상위 5% 고객'을 뽑습니다. 그리고 감사 선물을 준비해 고객을 방문하고 있습니다. 수년 전에 담당자와 함께 매출 랭킹 지역 넘버원 고객을 방문한 적이 있습니다. 그런데 그 고객은 제게 이런 말을 했습니다.

"꽃 같은 건 들고 오지 않아도 되니까 더 싸게 해주세요!"

저는 속으로 참 이상한 이야기를 하는 고객이라고 생각했습니다. 다음 해에 우리는 상위 5% 고객을 정하는 방식을 변경했습니다. 매출 랭킹에서 매출총이익이 많은 순으로 말이지요. 그렇게 바꾸자 지난해의 지역 넘버원 고객은 해당되지 않게 됐지요. 담당자에게 어째서 그 고객이 빠졌는지 물었을 때 담당자는 어이없게도 이렇게 말했습니다.

"그 회사는 적자입니다."

즉, 그 회사는 상품을 매입 가격보다 싸게 팔고 있었던 겁니다. 이것은 실화입니다. 그렇지만 잘못을 한 것은 직원이 아닙니다. 매출로 평가하겠다고 말한 저의 책임이지요. 회사에서는 사장이 바보면 직원도 바보가 됩니다.

매출은 시장에서 회사의 지위를 나타냅니다. 매출총이익액은 자사가 살아남기 위해서 필요한 자원(직원의 급여는 매출총이익액으로 지급한다)이고, 영업이익은 그것을 축적하기 위한 자원입니다.

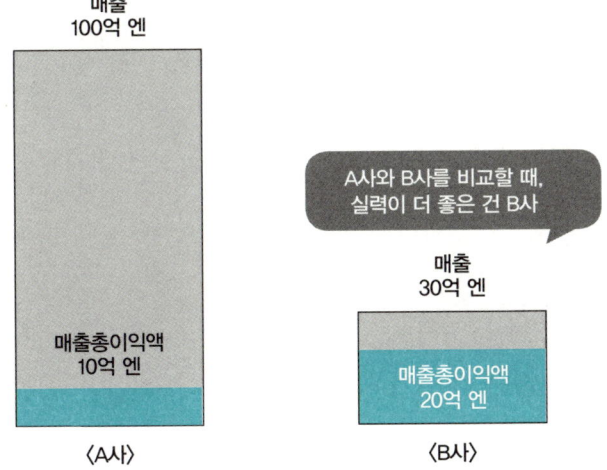

05 일반 직원에게도 숫자를 철저하게 인식시킨다

 개인 면담을 통해 숫자를 보고한다

사장과 직원이 같은 마음을 품고 일하기 위해서는 회사의 숫자가 공개돼야 합니다. 회사 혹은 해당 부서가 얼마의 이익을 내고 있는지 모른다면, 직원의 마음에 만족감은 물론 위기감도 생기지 않으며, 따라서 일체감도 생기지 않습니다.

무사시노에서는 사내 인트라상에 재무상태표와 손익계산서를 공개하고 있어서 누구나 볼 수 있습니다. 하지만 대부분의 직원이 보려고 하지 않습니다. 숫자를 공개하지 않으면 이것저것 억측하면서, 이상하게 "봐도 된다"고 말하면 보지 않습니다.

앞서 말했듯 부서장 회의는 부서장이 직접 숫자를 조사해 발표하는 시스템이므로 과장직 이상의 직원은 반드시 손익계산서를 보게 됩니다. 그러나 일반 직원은 회사의 손익에는 관심이 없습니다. 회사의 손익이 자신의 급여나 상여와 관련 있다는 의식이 희박하다고 할 수 있지요.

그렇다면 어떻게 해야 일반 직원에게 숫자의 의미를 제대로 전달할 수 있을까요? 무사시노에는 일반 직원에게도 숫자를 전달하는 시스템이 있습니다. 그것은 매월 진행하는 '상사와 부하의 개인 면담'입니다.

개인 면담은 앞의 42페이지에 소개한 개인별 평가시트를 기준으로 진행합니다.

직원은 평가시트의 각 항목에 대해 스스로 평가하고 채점해 상사가 내린 평가와 대조합니다. 상사와 부하가 함께 이 항목에 5점을 준 이유는 무엇인지, 자신은 왜 2점이라고 생각하는지 등 서로 점수를 맞춰갑니다. 평가시트에는 개인목표 숫자 외에도 부서의 매출총이익, 영업이익, 전년 대비 매출총이익, 전년 대비 영업이익이 나옵니다. 따라서 일반 직원도 지금 얼마의 매출이 모자란지 혹은 얼마의 이익이 남았는지 등 부서와 자신의 실정을 잘 파악할 수 있습니다.

2001년, 미국에서 9.11 테러가 발생한 지 두 달이 지난 11월에 저는 미국에 사찰을 가서 베벌리 힐스의 메리디언 호텔에 숙박했습니다. 사건 이래 메리디언 호텔에 숙박하는 일본인은 저희 그룹이 처음이었습니다. 테러가 발생한 후 여행객이 줄었기 때문입니다. 그런데 사실 안전으로 따지면, 사건 발생 바로 직후가 가장 안전합니다. 왜일까요? 그것은 다들 조심하기 때문입니다. 반면, 위기감도 긴장감도 없이 '괜찮다'는 의식이 팽배해 안심하고 있을 때가 가장 위험한 때입니다.

부서장은 물론 일반 직원 모두가 긴장감을 가지고 자기 부서의 숫자에 주목하고 있다면, 그 회사는 안전합니다.

경비에는 부서 코드를 기재한다

무사시노의 실전경영학원에 참석한 회원은 호텔에 숙박합니다. 지금까지는 숙박비나 숙박 시 식사비를 판매촉진비로 간주했습니다. 하지만 곰곰이 생각해 보면, 둘 다 매출을 올리기 위한 경비이기 때문에 매입원가라고 할 수 있습니다.

이를 판매촉진비로 볼 것인가, 아니면 매입원가로 볼 것인가에 따라 매출총이익이 달라집니다. 따라서 사업에 따라 매출을 올리기 위한 비용인지, 일반적으로 소요되는 비용인지를 정확하게 구별해 공유하는 것이 좋습니다.

어떤 비용이 판매촉진비나 인건비, 복리후생비 중 어디에 해당하는지 명확한 기준을 마련해두는 것이 좋습니다. 그렇지 않으면 누가 열심히 일하고 있고, 누가 그렇지 않은지를 판단할 수 없기 때문에 불만의 원인이 됩니다. 또 경비를 모든 부서에서 일괄 계산하면, 어떤 부서가 열심히 하고 있는지도 알 수 없으므로 부서별 손익을 계산할 수 없게 됩니다. 따라서 무사시노는 비용과 관련해서는 반드시 부서 코드를 기재하게 하여 부서별로 계산하고 있습니다.

요약 및 정리

- ✓ 손익계획은 부서장이 직접 작성하게 한다
- ✓ 내근 부서도 이익계획을 설정한다
- ✓ 직원의 경영자 의식은 주식의 보유 여부와 상관없다
- ✓ 비교할 때는 전년도의 나의 실적과 비교하라
- ✓ 평가할 때 필요한 것은 매출총이익과 영업이익 두 가지다

4장

사장의 네 번째 결정 :
장기적으로 안정된 경영을 목표로 한다

01 경영계획을 세운다

👤 과거가 아닌 미래 계산을 시도하라

 이번 기에 얼마의 이익을 내고 싶은지, 5년 후에는 얼마의 이익을 목표로 하는지 등 경영자는 회사의 현재와 미래를 숫자로 표현할 수 있어야 합니다. 목표를 숫자로 세우지 않으면 경영전략을 구체적으로 세울 수 없기 때문입니다.

 경영은 과거 계산이 아닌, 미래 계산으로 해야 합니다. 경영을 과거의 축적으로 간주해, '매출은 얼마인데, 비용은 얼마고, 남은 이익은 얼마'라는 식으로 계산하는 것은 잘못된 것입니다.

 또 경영은 결과를 중시하는 것이 옳습니다. '결과적으로 이익이 얼마이니 그 정도 이익을 내기 위해서는 얼마의 비용을 쓰며 얼마의 매출을 올려야 한다' 처럼, 일단 결과를 정하고 결과를 얻기 위한 수단을 역산해 정하는 것이 좋습니다. 과거의 숫자를 감안해 미래의 목표를 정하는 것이 아니라, 미래의 이익 목표를 보면서 지금 해야 할 일을 정하는 것입니다. 그렇기 때문에 경영계획이 필요합니다.

저는 1977년에 물수건을 대여해주는 주식회사 베리를 설립했습니다. '매출 100엔-매입 50엔-비용 40엔=10엔 이익.' 베리는 꾸준히 매출도 증가하고 이익도 늘어났지만 항상 돈이 부족했습니다.

10엔을 벌고 있다는 것은 분명한데 수중에 현금이 없었습니다. 그것은 50엔의 매출총이익으로 매입한 외상매입금을 바로 지출했고, 100엔의 매출은 1개월 후 입금되는 외상매출금이 되었기 때문입니다. 저는 무지했습니다. 자금수지의 시간적 밸런스가 무너지고 있다는 것을 몰랐기 때문입니다.

세무사가 손익을 알려준 것은 1개월 후였습니다. 과거의 역사를 알아도, 과거의 계산을 한다 해도 '지금'은 아무것도 변하지 않습니다. 흑자임에도 현금이 부족했습니다. 월말에 마감한 손익계산서는 과거의 결과를 계산한 것입니다. 끝나버린 과거를 계산한다고 이익이 나오는 것은 아닙니다. 미래를 계산하지 않는 한 이익을 올리는 것도, 현금을 남기는 것도 불가능합니다.

결산서를 은행에 제출하면 은행이 그것을 컴퓨터에 입력하여 분석하고 신용등급을 판정합니다. 그래도 그것은 과거에 대한 분석일 뿐, 미래에 대한 기대가 아닙니다.

인간은 과거와 타인을 바꿀 수 없습니다. 바꿀 수 있는 것은 오직 미래와 자기 자신뿐입니다. 중요한 것은 '1년 후 혹은 5년 후에 어떻게 할 것인가'를 생각하며 미래를 분석하는 것입니다.

이익 목표는 적당히 정하라

이익 목표(경상이익)는 어떻게 정해야 할까요? 적당히 정하면 됩니다. 숫자에 근거가 없어도 상관없습니다. 이번 기의 10% 증가, 50% 증가, 혹은 두 배 증가라고 정해도 괜찮습니다. 이익 목표는 빨리 만드는 것이 중요할 뿐 숫자의 타당성에 지나치게 구애받을 필요가 없다는 말입니다. 사장이 "얼마가 필요하다"라고 정하면, 그 금액이 목표액이 됩니다.

주식회사 프리마베라의 요시카와 미쓰히데 사장은 경영계획서를 작성할 때 이익 목표를 적당히 정했습니다. 그는 적당하게 정한 미래의 이익 목표를 역산해보면서, 지난 기보다 매출을 10% 올리지 않으면 이익 목표를 달성하지 못한다는 것을 알았습니다.

그러나 아무리 기존 점포의 매출을 올린다고 해도 최대 5% 정도이지, 10%까지는 될 수 없겠다는 판단이 들었습니다.

이 상황에서 요시카와 사장은 다른 일을 할 수밖에 없다고 결단하고 인터넷을 통한 비즈니스에 활로를 개척했습니다. 점포에서 구매한 DVD나 중고책이 재고로 늘고 있는 것에 착안해, 요시카와 사장은 남은 재고를 아마존의 마켓 플레이스에 팔기로 결정한 겁니다. 결과적으로 목표로 했던 매출 10% 증가는 달성하지 못했지만 작은 1개의 점포만큼의 매출이 증가했습니다.

목표와 실적의 차이를 검증하라

목표를 세우고 실행하면, 실적이 나옵니다.

대충이라도 이익 목표를 세워 보면 실적과의 차이를 비교할 수 있습니다. 숫자(이익 목표)와 실적을 비교해, 어째서 대략의 숫자(이익 목표)보다 실적이 적거나 혹은 많은 것인지를 가설하고 검증할 수 있다면, 다음으로 세워야 할 대책이 보입니다. '목표−실적=차액'이며, '차액=대책'입니다. 목표와 실적 사이에서 왜 차이가 생긴 것인지, 그 이유를 찾고 올바른 방향을 찾는 것이 중요합니다.

저는 3일 연속 파친코에 가서 3일 연속으로 크게 이긴 적이 있습니다. 어떻게 하면 이길 수 있을지 가설을 세우고 이를 검증했기 때문입니다. 가설을 세우지 않고 되는 대로 하면 왜 그런 결과가 나왔는지 이유를 알 수 없습니다. 그래서 저는 '이번 판은 이런 이유로 그런 결과가 나올 수 있겠구나'라는, 말 그대로 엉망인 가설을 세우고 시작합니다. 가설대로 결과가 나오면 가설이 옳았다는 것이 증명되고, 그렇지 않으면 어째서 그런 결과가 나오지 않은 것인지, 왜 생각과 다른지, 어떻게 하면 원하는 결과가 나오는지 등을 검증할 수 있습니다. 어째서와 어떻게 하면을 반복해서 검증해보세요. 저의 경우 일을 하는 것도 노는 것도 같은 사고방식으로 하고 있습니다.

대부분의 사장은 완벽한 계획을 세우려고 합니다. 하지만 이는 잘못된 생각입니다. 완벽한 계획을 만드는 데는 어쩔 수 없이 많은 시간이 걸립니다. 경영에서 속도를 잃으면 시장(고객, 경쟁사)의 변화를 따라갈 수 없습니다. 따라서 이익 목표는 대략적이어도 괜찮으니 적당히 작성하세요. 다만 매월 실적(숫자)을 대조하며 고객의 요구에 응대하려면 어떻게 해야 할지 또 경쟁 회사와 싸우려면 어떤 준비를 해야 할지 등을 정해나가는 것이 진정한 경영계획입니다.

**경영계획은
역산으로 한다**

경영의 최우선 과제는 경상이익 설정이다

경영계획을 세울 때 사장들 중 대부분은 매출을 우선 정합니다. 그러나 제가 처음 정하는 것은 매출이 아닌 경상이익입니다. 손익계산서를 거꾸로, 즉 아래부터 위로 역산해 올라가면 자동적으로 필요한 매출이 정해집니다. 경영의 최우선 과제는 경상이익을 설정하는 것입니다. 매출 목표는 오히려 가장 마지막이지요.

앞서 말했지만, 경상이익의 목표(이익 목표)는 적당히 정하면 됩니다. 수익이 적자인 회사라면 경상이익이 '0'이어도 상관없습니다. '0'은 손익분기점입니다. 적자가 2,000만 엔 있다면,

'0 = 2,000만 엔의 순이익'과 같은 이야기죠.

경상이익을 정했다면 영업외비용을 계산합니다. 영업외비용의 대부분은 이자 비용으로, '차입금×금리'로 계산할 수 있습니다.

그 다음으로 영업외수익을 계산하는데, '정기예금×금리'에 임대료 수입 등을 더합니다. 경상이익, 영업외비용, 영업외수익의 숫자를 알면 영업이익의 금액이 나옵니다. 즉 '경상이익 = 영업이익

무사시노의 경영계획 작성법

항목	목표	계산법
매출	300	
매입	150	매출—매출총이익액
매출총이익	150	
인건비	100	평균급여×인원 수
경비	40	매출총이익액－(인건비+감가상각비+영업이익)
판매촉진비		
감가상각비	3	유형자산의 15%
영업이익	7	경상이익 + 영업외비용 － 영업외수익
영업외수익	1	정기예금×금리
영업외비용	2	차입금×금리
경상이익	6	사장이 결정한다

> "우선, 경상이익부터 정하고 역산해서 매출을 계산한다"

＋영업외수익－영업외비용－영업외수익'으로 계산합니다.

다음은 감가상각비입니다. 업종에 따라 다소 차이가 있지만, 실전경영학원 회원들 자산의 95%가 유형자산(건물, 차량, 건축물, 기계장치 등 실체가 있는 자산)입니다. 업종에 따라 차이가 있으나, 감가상각비는 대략 '유형자산×15%'로 구하면 됩니다.

다음으로 판매촉진비를 계산합니다. 판매촉진비는 대략적으로 계산해도 됩니다. 매출을 올리기 위해서 얼마만큼의 돈을 들이겠다고 생각한 숫자를 적는 것으로 충분합니다. 전년도의 금액을 참고해서 더 키울 것인지 혹은 고객유지에 집중할 것인지 정도를 판단하면 됩니다.

그 다음 인건비는 '평균급여×직원 수'로 산출할 수 있습니다. 인건비는 100% 가깝게 달성할 수 있는 경비입니다. 인건비를 계산하면 매출총이익액을 알 수 있습니다. '인건비÷노동분배율(소매업 40~50%, 대부분은 40~60%)'로 매출총이익액을 역산할 수 있습니다.

매출총이익액, 인건비, 판매촉진비, 감가상각비, 영업이익을 산출하고, 일반 경비를 '매출총이익액－인건비－판매촉진비－감가상각비비－영업이익'의 순서로 계산할 수 있습니다. 결국 비용으로는 '이 계산으로 산출된 금액밖에 사용할 수 없다'는 결론이 나옵니다. 경비는 경상이익을 달성하기 위해 필요하지만 예산범위 내에서만 사용합니다. 경비는 신규 고객을 늘리는 데 필요한 공격적 경비와 기존 사업의 수익을 얻기 위한 감가상각비 등의 수비 경비로 나눌 수 있습니다.

마지막으로 매출총이익액을 매출총이익률로 나누면 매출이 나옵니다(매출＝매출총이익액÷매출총이익률). 그리고 매출에서 매출총이익액을 빼면 매출원가가 나옵니다(매출원가＝매출-매출총이익액).

부동산 매매중개 및 관리를 하는 어드레스 주식회사의 타카오 노보루 사장은 경영계획을 역산해 사업구조를 재검토하고 있습니다. 타카오 사장 역시 실전경영학원에 참가하기 전까지는 매출만 생각하던 사람이었습니다. 따라서 결산하기 전에는 회사가 돈을 벌고 있는지, 벌지 못하고 있는지, 또 경상이익은 얼마인지 분명하게 알 수 없었습니다.

그러나 지금의 어드레스 사는 경상이익액으로부터 역산해 영업계획을 세우고 있습니다. 매출 목표를 마지막에 정하는데, 해당 매출을 달성하기 위해서 어떤 사업구조로 바꿔야 하는지를 역산해 실행하게 되었습니다.

이처럼 역산법으로 예산을 세우기 시작하면서 타카오 사장은 다음 네 가지를 실행했습니다.

첫째, 영업품목, 지역, 상품을 선택해 효과적으로 인원을 투입한다.

둘째, 접대비처럼 불필요한 비용은 자제한다.

셋째, 판매촉진비 사용을 중점적으로 시행한다.

넷째, 재무상태표를 중심으로 의사를 결정한다.

그 결과 어드레스 주식회사의 매출은 5년 사이에 10배나 성장했습니다.

03 장기경영계획을 만든다

👤 5년 후의 계획은 오늘의 결정을 위해서 하라

대부분의 회사가 3개년 계획이나 5개년 계획을 발표합니다. 그러나 고객과 시장은 매 순간 변합니다. 따라서 장기경영계획은 매년 다시 만드는 것이 좋습니다. 변화된 상황을 반영하지 않고 그대로 계획을 실행하는 데는 무리가 따르기 때문입니다. 가장 이상적인 것은 반년마다 혹은 사장의 비전이 바뀔 때마다 계획을 다시 수정하는 것입니다.

만약 5개년의 장기경영계획을 세운다면, 5년간의 자금운용 계획을 작성해 먼저 연도별 재무분석을 해야 합니다. 5년 후로부터 역산하면 지금 무엇을 해야 하는지, 이번 기에 무엇을 해야 하는지를 알 수 있습니다. 장기경영계획은 '몇 년 후 이렇게 하고 싶다'라는 사장의 생각이 반영된 것이기도 하지만, 오늘의 결정을 위해서도 필요합니다.

무사시노의 실전경영학원 회원이 참가하는 '경영계획서 작성 워크숍'에서는 참가자들에게 5년 후 매출을 두 배로 만들기 위한 장기경영계획을 세우게 합니다. 그렇게 하면 대부분의 사장들은 "두 배라뇨! 할 수 없습니다"라고 입을 모읍니다.

그렇지만 할 수 없다고 단정짓고 포기해버린다면 회사는 결코 성장하지 않습니다. 회사가 성장하지 않는다는 사실을 알게 되면 직원들 역시 의욕을 잃게 됩니다. '매출이 두 배로 증가하면 내 급여도 두 배 오르지 않을까?' 혹은 '회사가 성장하면 나도 승진하게 되지 않을까?'처럼 비록 단편적인 것이라도 '큰 꿈'을 품게 될 때 직원들의 의욕도 생기게 마련이지요..

도쿄에 위치한 닛쇼 공업 주식회사의 구보 칸이치 사장은 처음 영업목표를 세웠을 때 '매출 10% 감소(전년 대비)'라는 계획을 세웠습니다. 저는 이처럼 꿈이 없어 보이는 구보 사장의 계획과 목표에 위화감을 갖고 그와 많은 이야기를 나누게 되었지요. 저는 "사장이 매출감소라는 결정을 하게 되면, 반드시 그렇게 됩니다. 게다가 10%의 감소만으로 끝나지 않을 수도 있습니다"라고 말했

> **무사시노 장기경영계획의 예시**
>
> **1. 경영계획**
> (1) 고객이 안심하며 신뢰할 수 있는 무사시노 브랜드를 확고히 굳힌다.
> (2) 직원과 고객이 풍요로움을 추구할 수 있도록 물심양면으로 지원하며, 직원 한 명 한 명이 비전을 가질 수 있는 회사로 만든다.
> (3) 클린서비스 사업은 가장 중점을 두는 지구(코가네이, 미타카, 무사시노, 타치카와, 코쿠분지)에 사람과 자금을 투입한다.
> (4) 케어 사업은 클린서비스 사업과의 제휴를 기본으로 한다.
> (5) 홈인스테드 사업은 사회공헌의 관점에서 접근해 국가 고용창출에 이바지한다.
> (6) 일본경영품질상 수상의 자부심으로 기업경영 혁신 도구와 시스템을 제공하여, 서포트 기업의 발전과 성장에 공헌한다.
> (7) 경영서포트 사업은 클린서비스 사업 및 케어 사업의 현장과 제품을 지원 대상으로 여기고, 타사에서 따라 할 수 없는 사업 영업으로 새로운 비즈니스 모델을 만든다. 또한 사회공헌으로 2대 경영자의 경영 안정에도 힘쓴다.
> (8) 경영의 안정보다 항상 경영 혁신을 실행하며, 망하지 않는 회사를 만든다.
> (9) 경쟁 회사가 있는 주변 사업을 철저하게 관리한다.
>
> **2. 이익계획**
> .....(이하 생략)

주식회사 무사시노 제46기 경영계획서 중

습니다. 그러나 구보 사장은 "반도체 업계는 지금 매우 상황이 좋지 않아서 감소해도 어쩔 수 없습니다"라며 주장을 꺾지 않았습니다. 그래서 구보 사장의 의견을 받아들일 수밖에 없었지요.

구보 사장의 주장이 옳은 것일까요? 아니면 제가 옳은 걸까요? 제가 옳았습니다. 업계의 상황이 좋지 않아서 매출이 10% 정도 감소될 거라고 생각했던 구보 사장은 결국 큰 코를 다치고 말았습니다. 닛쇼 공업의 매출이 전년 대비 30%까지 떨어졌기 때문입니다. 구보 사장은 당시를 회상하며 이렇게 말했습니다.

"처음에 고야마 사장님은 저를 고집 세고 어쩔 수 없는 놈이라 여기며 어이없어 하셨지만 그래도 그렇게 확신한다면 직접 해보라며 지켜봐주셨습니다. 당시에는 차입이 적었기 때문에 아무리 나빠도 망하지는 않을 거라 생각하신 듯합니다. 만약 제가 벼랑 끝에 몰렸다면 분명 손을 내밀어주셨을 겁니다. 결국 처음부터 업계의 상황이 안 좋아서 어쩔수 없다고 포기했던 저는 새롭게 눈을 뜨게 됐습니다. 이것은 안 된다, 저것은 못한다 하며 스스로 한계를 정해버리는 경향이 있었는데, 고야마 사장님은 저의 그런 부분을 간파하고 있었던 것 같습니다."

판매촉진비는 삭감하지 마라

나가노현에 있는 주식회사 이토추의 요코마에 타다유키 사장은 '이토추 스고모리(신선한 노른자로 갠 노란색 팥소를 화이트 초콜

릿으로 감싼 고급 생과자-옮긴이)'를 제조해 직영점(2점포)과 휴게소, 백화점을 비롯해 대형슈퍼의 명과 코너 등 나가노현 전 지역에서 판매하고 있습니다.

특히 이토추 스고모리가 예능 프로그램에 소개되면서 휴게소에서의 판매가 급증했습니다. 그러나 매출을 올리기 위한 비용과 인건비를 과다 지출한데다 휴게소에서의 낮은 판매 이익률 등의 문제가 겹쳐서, 매출은 늘어도 이익이 나지 않는 상황이었습니다.

요코마에 사장은 당시를 회상하며 이렇게 말했습니다. "이익은 거의 나지 않고 현상유지 정도만 하고 있었습니다. 그래도 그 전까지는 마이너스였기 때문에 이 정도도 좋은 게 아닌가 싶었죠." 이러한 상황에서 요코마에 사장은 이익률이 높은 직영점과 명과점에서 매출을 늘려나갈 계획을 세웠습니다. 그러나 시기가 좋지 않았습니다. 리먼 브러더스 사태 이후 소비자들의 먹거리에 대한 지출이 줄면서 이토추 스고모리의 매출이 전체적으로 약 20%나 감소한 것입니다.

요코마에 사장은 어떻게 했을까요?

그는 상황이 좋지 않다고 해서 무조건 비용을 삭감할 것이 아니라, 쓸 수 있는 최대치의 판매촉진비를 쓰겠다는 결정을 내렸습니다. 이번 기에 투자한 돈이 다음 기의 이익으로 이어지게 마련이니 이번에는 적자가 되는 것을 감수하고라도 다음을 위해 투자해보기로 한 것입니다. 저와 상담을 하면서 요코마에 사장은 "TV CF를 만들어서 지역구 방송에 내보낼까 고려 중인데요, 어떨까요?"라고 물었습니다. 저는 "하는 것이 좋을 것 같습니다"라고 대답했지요.

CF 제작에 많은 돈이 들기는 하지만 무형자산의 개발비로써 비용을 이연(지출된 비용의 효과가 미래에도 미칠 경우, 전액을 당기의 비용으로 생각하지 않고 수년에 걸쳐 분할하여 생각하는 것. 광고비의 개발비 계산을 즉시 비용으로 처리하는 한국과는 다름—옮긴이)시킨다면 한번에 기록하지 않고 감가상각비처럼 나눠서 인식할 수 있기 때문입니다.

결국 이토추 사는 제작한 CF의 방송 효과로 감소했던 매출이 리먼 사태 이전처럼 회복됐습니다.

이 밖에도 요코마에 사장은 판매촉진비와 더불어 교육연구비 역시 삭감하지 않겠다고 결정했습니다. 지금도 이토추에는 선임의 영업 담당자가 없습니다. 사장이 겸임하고 있기 때문이죠. 영업 담당자가 없으면 고객을 늘리는 것이나 경쟁사를 이기는 것도 불가능합니다. 그래서 그는 신규 졸업자나 내정자들을 대상으로 하는 연수를 적극적으로 실행하면서 지금까지 생각해본 적도 없는 방법을 모색하고 있습니다.

명히 말했습니다. 비록 할 수 없을 것 같은 계획이라고 해도 목표가 정해지면 사람은 그 목표를 향해 앞으로 나아가게 됩니다. 어떻게든 해야겠다는 위기감이 사람을 움직이는 원동력이 되는 것입니다.

도쿄에서 미용업을 하는 주식회사 트라이앵글의 마에지마 카쓰야 사장은 장기경영계획을 세움으로써 앞으로 회사가 얼마만큼의 이익을 얻을 수 있을지를 생각하게 되었다고 했습니다. 그는 "5년 후를 바라보니 지금 무엇을 해야 할지, 어떻게 사업을 전개해나가야 하는지, 신규 사업을 진행할 것인지 말 것인지가 고민되더군요. 시장점유율을 높이기 위해 점포를 늘려나가야 할지에 대해서도 생각하게 되었습니다"라고 말했습니다. 그리고 현재 마에지마 사장은 경쟁업체로부터 고객을 뺏어오기 위한 준비를 시작했습니다.

분쇼도인쇄의 하시모토 사장 역시 무언가 새로운 일을 시작하지 않으면 목표에 도달하지 못한다는 사실을 깨달은 사람 중 하나입니다. 그래서 기존의 인쇄업뿐 아니라 IT 테크놀로지를 활용한 솔루션 제공, 웹사이트 구축, 웹 투 프린트 등 부대 업무에도 집중하고 있습니다.

👤 5년 만에 매출을 두 배로 늘리는 계획

제가 처음 장기경영계획서를 작성했을 때, 고즈카 후미오 과장이 물었습니다.

"사장님, 정말로 달성할 수 있는 겁니까?"

저는 바로 이렇게 대답했지요.

"할 수 있을 리가 없지요."

그러나 5년 이내에 매출은 두 배로 증가했습니다. 장기경영계획에 기록했던 모든 목표를 달성한 것입니다.

5년 만에 매출을 두 배로 늘리기 위해서는 매년 15%의 매출 증가가 필수적입니다. 이 숫자를 달성하는 것이 쉬운 일은 아니기 때문에 대부분의 사장은 지금까지 해왔던 방식과 현재의 사업만으로는 목표를 달성할 수 없다는 사실을 깨닫게 됩니다. 따라서 목표를 달성하려면 새로운 방법 혹은 새로운 사업을 시작할 수밖에 없습니다.

무사시노도 그랬습니다.

제43기에 5개년 계획을 세웠을 때, 현재의 사업만으로는 매출 목표를 달성할 수 없다는 것을 깨달았습니다. 따라서 저는 새로운 사업을 하겠다고 결정했습니다. 구체적인 사업 내용은 아무것도 정한 것이 없었지만, 직원들 앞에서 신규 사업을 하겠다고 분

이익을
잘 사용한다

지나치게 증가한 이익은 의도적으로 투자하라

운 좋게 히트 상품이 나와서 이익이 적당히 정한 경상이익(목표금액)을 크게 웃돌 것 같으면 어떻게 하시겠습니까? 저라면 전년도보다 조금 많은 이익만 남기고, 나머지는 모두 사용해버릴 겁니다.

적자가 난 세 번을 제외하고 무사시노의 매출과 이익이 꾸준히 증가할 수 있었던 것은, 예정보다 많은 이익이 나지 않도록 숫자를 지켜보면서 돈을 사용했기 때문입니다. 이익이 지나치게 많이 나면 그 다음 해에 부담이 커지므로 증익이 어려워집니다.

만약 경상이익의 목표액을 전기와 같은 3,000만 엔(약 3억 원)으로 설정했는데, 상품이 잘 팔려서 1억 엔(약 10억 원)의 경상이익이 나왔다고 합시다. 이때 그 돈을 그냥 남겨둔다면 어떤 일이 일어날까요? 다음 기에 1억엔 이상 벌지 않으면 증익이 되지 않는 상황이 벌어집니다. 다음 기의 이익이 4,000만 엔(약 4억 원)이라면, 이번 기의 목표보다 1,000만 엔(약 1억 원) 증익된 것이지만, 이번 기의 실적과 비교한다면 6,000만 엔(약 6억 원)의 이익 감소가 되는 것이죠. 그리고 이는 명백한 이익 감소에 해당하므로 은

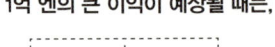

이익을 통해 매년 이익을 증가시킨다

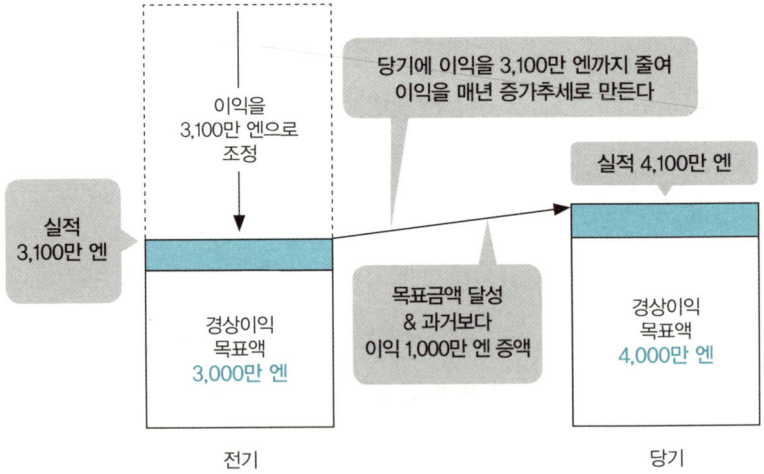

행의 신용평가 등급이 떨어지게 됩니다.

그렇기 때문에 지나치게 많은 이익이 남을 것 같다면 돈을 써 버리는 것, 즉 투자하는 것이 옳습니다. 눈앞의 이익 증대에 만족할 것이 아니라 내년, 내후년까지 내다보면서 신중히 생각해야 합니다. 많은 이익을 내부유보를 늘리거나 차입금 변제에 충당할 것이 아니라 미래를 위한 투자에 의도적으로 써보십시오.

극단적으로 말해, 지난해보다 100만 엔(약 1,000만 원) 이상의 경상이익이 나올 것 같다면 100만 엔(약 1,000만 원)만 남기고 나머지는 전부 투자해도 좋습니다.

목표 금액보다 많은 이익은 미래를 위해 투자하라

이익이 많이 날 것 같을 때는 돈을 어떻게 사용하는 것이 좋을까요? 무사시노의 경우에는 정해진 이익 목표액 이상을 벌면 다음 네 가지에 투자합니다.

첫째, 신규 고객 확보
둘째, 직원 교육
셋째, 인프라 구축
넷째, 직원 및 고객 만족

다음에 이어지는 장에서는 이 네 가지에 어떻게 투자하면 되는지 구체적으로 살펴보도록 하겠습니다.

이익의 일부는 미래를 위해 투자하라

목표금액을
초과한 이익
→ 미래를 위해 투자한다 →
1. 신규 고객 확보
2. 직원 교육
3. 인프라 구축
4. 직원 및 고객 만족

경상이익의
목표 금액

05 이익 사용법1: 신규 고객 확보에 투자한다

자사의 강점을 강화하는 데 자금을 사용하라

고객을 늘리는 방법은 사업의 내용이나 자사의 강점에 따라 다릅니다. 따라서 본인의 회사가 설비 측면에서 유리한지, 영업 측면에서 유리한지, 혹은 기획 측면에서 유리한지 미리 분석해 자사의 강점을 명확하게 파악해두는 것이 좋습니다.

제조업의 경우, 새로운 기계에 투자하는 것이 고객 증가로 이어집니다. 분쇼도인쇄 주식회사는 고성능의 인쇄기를 도입한 후 고객이 늘었습니다. 인쇄 속도가 빨라지고 다양한 색감을 표현할 수 있게 되면서 지금까지 할 수 없었던 일이 가능해졌기 때문입니다. 또 기기의 성능이 좋아지면 동일한 인원으로도 더 많은 매출을 올릴 수 있으므로 공장의 생산효율성을 높일 수 있습니다.

사이타마현에 위치한 모토무라제본 주식회사 역시 환경 정비와 설비 투자에 집중한 후 신규 고객이 늘고 있습니다. 공장 견학을 위해 방문한 잠재 고객이 공장 내부의 제본기에 관심을 보이며 '이 회사에 부탁해야겠다'고 생각하게 된 것입니다.

효고현의 라식수술로 유명한 고베클리닉을 운영하는 세키호카이도 은행으로부터 초고금리(금리 5%)로 돈을 빌려 의료기기를 도입하면서 업계 3위를 차지했습니다. 그 후 2년 동안 매출이 크게 늘었고 차입금을 조기 상환하면서 현재는 업계 2위가 되었습니다.

이처럼 장치산업은 어느 정도의 장비를 갖추게 되면 고객이 늘고, 또 그만큼의 이익이 증가하는 구조라는 것이 장점입니다. 굳이 인원을 늘리지 않아도 되지요.

사이타마현에서 휴지를 제조하는 쓰루미제지의 사토와 에이이치 사장의 예도 흥미롭습니다. 쓰루미제지는 그동안 상품을 종이로 포장해서 회사 트럭을 이용해 대량판매점으로 배달해왔습니다. 그러나 상품을 크래프트지로 포장하기 위해 새로운 기기를 도입했습니다. 그 후 무슨 일이 일어났을까요?

일단 포장지 재룟값이 줄었습니다. 또 종이 포장에서 크래프트지 포장으로 바뀌자 트럭 적재량이 증가하여 이전보다 15%나 많은 양의 상품을 쌓을 수 있게 되었습니다. 포장지 재룟값이 줄고, 동일한 트럭과 인력으로 15%나 많은 상품을 배송할 수 있게 됐으니 이익이 늘어난 것은 당연하겠지요.

투자할 때는 고객의 입장을 생각하라

영화와 씨름의 공통점은 무엇일까요? 바로 둘 다 자리를 판다는 것입니다. 재미있을 것 같은 작품이 개봉되면 영화관의 자리가 차고, 재미있을 것 같은 경합이 정해지면 씨름 경기의 관객석이 찹니다.

그런데 최근 일본 씨름 관객석에 빈 자리가 눈에 띄게 증가했습니다. 씨름협회나 씨름선수의 불상사가 겹쳐 대중들에게 인기가 시들해진 탓도 있겠지만, 개인적으로는 애초에 씨름협회가 고객을 완전히 무시했기 때문이라고 생각합니다. 사실 고객이 원하는 것은 외국인 요코즈나(스모 경기의 챔피언을 일컫는 용어. 우리나라 천하장사에 해당-옮긴이)가 아닌 일본인 요코즈나입니다. 그런데 최근 일본 씨름판에는 외국인 선수들이 지나치게 많아 요코즈나와 오오제키(요코즈나에 이은 스모 선수의 등급-옮긴이)에도 외국인이 넘쳐납니다. 따라서 다시금 씨름의 인기를 되찾고 싶다면 씨름협회가 외국인 선수의 숫자를 제한할 필요가 있습니다.

최근 많은 TV 방송사들도 프로그램 편성에 있어 고객을 무시하는 듯 보일 때가 많습니다. 방송국이나 협찬사의 사정만 우선할 뿐, 시청자는 뒷전입니다. TV를 보다가 '이제 한참 재미있어지는군' 싶을 때 갑자기 CF가 나옵니다. CF가 끝나서 '이어서 봐야지' 할 때는 CF 시작하기 전 장면부터 다시 나옵니다. 이처럼 시청자들의 입장은 전혀 생각하지 않고 결정적인 순간에 내보내는 CF 때문에 불쾌해질 때가 많습니다.

주식회사 프리마베라의 요시카와 사장은 어느 컨설턴트로부터 '매출을 올리는 것보다 비용을 삭감하는 것이 더 쉽다'는 조언을 들었습니다. 그는 그 조언을 듣고서 점포의 전기세, 사무용품 등 경비를 꼼꼼하게 관리하기 시작했습니다. 거기까진 좋았습니다. 그런데 문제는 판매촉진비까지 삭감해버렸다는 것입니다. 결국 이로 인해 실적이 악화되었고 매출과 매출총이익까지 줄어들고 말았지요.

요시카와 사장은 실전경영학원에 참가하면서 비용 삭감 위주의 사고방식에서 매출총이익 중시의 사고방식으로 생각을 전환했습니다. 비용은 줄이되 고객과 관련된 것은 줄이지 않겠다고 결정한 것입니다.

점포 인테리어를 하면서 일반적인 사장은 '선반은 너무 비싸니

중고로 구입해야겠다'고 생각할 수 있습니다. 그러나 제 생각은 다릅니다. 고객이 볼 수 있는 곳에 위치한 것이라면, 또 고객 만족도 향상에 도움이 된다면, 새 것을 사야 합니다.

한번은 요시카와 사장이 제게 이렇게 물었습니다. "이번 기에 경상이익이 1억 엔(10억 원) 정도 될 것 같은데요. 결산 전이라 돈을 어디에 좀 쓰고 싶습니다. 어디에 쓰는 것이 가장 좋을까요?" 저는 매출로 이어질 수 있는 일에 사용하면 된다고 말했습니다. 그러면서 이렇게 물었지요. "고객은 무엇을 보고 가게에 오지요?" 요시카와 사장은 "간판입니다"라고 답했지요. 그렇다면 간판에 사용하는 것이 당연하지 않을까요?

간판은 전단지보다 저렴한데다가 집객 효과도 높습니다. 또한 사용연수가 길기 때문에 만약 300만 엔(3,000만 원)으로 간판을 구입했다 해도 5년을 쓴다면 한 달 비용이 약 5만 엔(50만 원) 정도입니다. 이후에 만난 요시카와 사장은 제게 이렇게 말했습니다. "간판을 바꾼 점포는 전부 매출이 오르고 있습니다."

06 이익 사용법2: 직원 교육에 투자한다

뛰어난 인재가 이익으로 이어진다

직원 교육과 설비 투자를 병행하면 효과적입니다. 기계의 성능이 올라가면 그에 따라 공장의 인건비를 줄일 수 있습니다. 그렇지만 무턱대고 인원부터 줄이면 현장에서 가만히 있지 않을 것입니다. 일자리가 없어지기 때문이죠. 특히, 현장일밖에 할 줄 모르는 사람에게 있어 그 일자리는 절실한 문제입니다. 따라서 평소에 타 부서의 업무나 보다 높은 레벨의 업무를 할 수 있도록 인재를 키워둘 필요가 있습니다.

무사시노는 더블캐스트(같은 일을 할 수 있는 사람을 두 명 이상

준비해두는 것-옮긴이) 체제를 갖추고 있어서 위와 같은 상황이 발생했을 때 직원에게 다른 업무를 맡길 수 있습니다. 따라서 업무를 기기에 빼앗긴다 해도 불만이 없지요.

만약 인쇄회사라면, 설비 투자로 인해 업무의 총량이 늘어난 만큼 DTP 또는 제판 등 인쇄 이외의 업무도 늘어나기 때문에 그쪽에 사람을 배치할 수 있습니다. 결국 업무의 총량이 늘어나도 사람을 더 고용할 필요가 없는 것이죠.

또 영업을 주로 하는 판매업이라면, 기기의 설비 투자보다는 직원 교육에 자금을 투자하는 것이 좋습니다. 도쿄에서 오피스 용품을 판매하는 주식회사 야마자키 분에이도의 야마자키 노보루 사장의 경우, 문구업계 매출이 2008년 기준 전년 대비 85%였을 때 108~110%의 실적을 달성했습니다. 이렇게 순조롭게 실적을 낼 수 있었던 것도 적극적인 직원 교육 때문이었지요.

야마자키 사장은 '사람이 발로 버는 것'이 영업이기에, 직원 교육이 최대의 차별화 전략임을 확신했습니다. 그래서 직원들을 대상으로 연간 300시간에 육박하는 교육을 시행해왔습니다.

사이타마현에서 통신사업(인바운드, 아웃바운드 사업)에 주력하는 주식회사 탑라인, 이토 소우 사장은 무사시노의 실전경영학원에 참가하면서 인재 전략에 대한 생각이 바뀌었습니다. 무엇보다 이토 사장은 교육연수비는 금액이 커도 전액을 비용으로 처리할 수 있다는 것을 몰랐습니다. 그는 탑라인 외에도 보험 관련 주식회사 하드콜의 대표이사로서 그룹 전체의 경영을 맡고 있는데, 2010년 4월을 기준으로 거느리고 있는 직원 수만 511명입니다.

그는 업계 특성상 많은 인원을 채용해야 하기 때문에 인건비나 교육 연수비가 특히 신경 쓰였다고 합니다. 3년 전만 해도 탑라인 그룹에는 그 해의 졸업자를 채용하는 문화가 없었지만 2009년에 8명을 채용하고, 2010년에는 6명을 채용했으며, 2011년에는 30명을 채용하겠다고 했습니다. 이토 사장이 대량 채용을 결심하게 된 것은 경영을 숫자로 생각하게 되었기 때문입니다.

오퍼레이터는 정규직 직원이 아니고, 졸업 예정자나 아르바이트생의 인건비는 비용에 해당하기 때문에 그 부분을 바꾸기로 했습니다. 즉 오퍼레이터의 인건비를 줄이는 반면, 졸업 예정자의 고용률을 높여 그들을 직원화하겠다는 발상이었습니다. 입사가 확정된 내정자에게 오퍼레이터의 아르바이트를 하게 하면, 입사하는 순간부터 바로 활용할 수 있는 인력이 됩니다. "여덟 명만으로는 경쟁 분위기를 조성하기 힘들겠지만, 삼십 명이라면 동기들끼리 경쟁의식이 생기지 않을까요?" 이토 사장은 그 해의 졸업자를 의도적으로 경쟁하게 만들어 질 높은 인재를 육성할 계획이라고 했습니다.

👤 직원이 그만두었을 때가 가장 좋은 기회

설비 투자를 통해 고성능의 기계를 도입하게 되면, 일시적으로 경쟁사와 격차를 벌일 수 있습니다. 하지만 경쟁사가 같은 기계를 도입하면 어떻게 될까요? 물론, 격차를 벌일 수 없겠지요.

'란체스터의 법칙Lanchester's laws(영국의 항공학자 란체스터가 1,2차 세계대전의 공중전 결과를 분석해서 얻어낸 법칙-옮긴이) 중 제1법칙은, '시장 점유율 세 배까지는 역전이 가능하다'입니다. 바꿔 말하면, 경쟁자와의 격차가 세 배 이상이 될 때까지 전력으로 질주하지 않으면 경쟁자를 완전히 이길 수 없다는 것입니다.

설비(기계)와 더불어 가장 중요한 전력은 바로 사람(직원)입니다. 아직까지도 파친코 기계는 사람이 직접 검사해야 하는 것처럼 이상하게도 세상 모든 것을 기계로 대체할 수는 없습니다.

일본 산업의 약 70%가 서비스업입니다. 서비스업은 사람과 사람을 연결하는 것이 기본입니다. 따라서 사람이야말로 차별화를 위한 큰 전력이 됩니다.

그러나 대부분의 사장이 사람에게 투자하지 않습니다. 왜 그럴까요? 기껏 투자를 했는데 그 직원이 회사를 그만두면 손해라고 생각하기 때문입니다. 그러나 이 생각은 틀렸습니다. 오히려 사람에게 투자했는데 그 직원이 회사를 그만둔다면 득이 됩니다.

무사시노가 실천하는 교육·연수의 예시

교육명	대상자	목표
조조 스터디	모든 직원	반기 라이브 10배
경영계획발표회 (비디오 스터디 포함)	모든 직원	모든 직원의 참가
정책 스터디	모든 직원	모든 직원의 참가
전 사원 스터디	모든 직원	모든 직원의 참가
버스 견학회	모든 직원	모든 직원·시간제의 참가
오리엔테이션	모든 직원	방침 이해도 평균 80점 이상
개인정보보호방침 스터디	모든 직원	모든 직원의 실시
사원과의 인턴십	신(新) 3 그룹	신 3 그룹 전원 실시
환경정비점검 동행	3 그룹 이상	점검동행 연간 1회

주식회사 무사시노 제46기 경영계획서 중

    무사시노의 경영서포트 사업부는 사실상 T본부장이 만들었습니다. 그가 그만두었을 때 경영서포트 회원들은 이제 무사시노의 경영서포트 사업부의 매출이 떨어질 것이라고 뒤에서 수군거렸다고 합니다. 그러나 실제로는 매출이 두 배나 올랐습니다. 어떻게 그런 일이 생긴 걸까요?

    그 이유는 T본부장이 그만둠으로써 다른 사람들에게도 기회가 주어지게 되었고, 그 결과 다양한 일을 할 수 있게 되었기 때문입니다. 물론, 다양한 일을 할 수 있었던 것은 직원 교육을 충실히 해왔기 때문이지요. 무사시노에서는 그 해의 졸업자 중 내정자뿐만 아니라 그 전에 내정이 확정된 사람에게도 인턴십 연수를 참가하게 해 무사시노의 문화와 방침을 철저하게 익히게 해왔습니다.

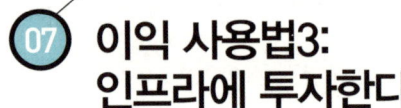

07 이익 사용법3: 인프라에 투자한다

👤 혁명에 뒤떨어지는 회사는 쇠퇴한다

무사시노는 전자메시지협회 회장상(1999년), 일본경영품질상(2000년), 경제산업성 정보월간의 경제산업대진표창(2001년), IT백선(2004년) 등 이 시대의 IT관련 상을 모조리 휩쓸었습니다.

많은 사장들이 제게 인프라를 정비하는 데 돈이 얼마나 들었는지 묻습니다. 저는 이렇게 대답합니다. "죄송합니다만, 물어보지 마세요. 속이 울렁거립니다."

한 가지 팁을 드리자면, 컴퓨터를 새로 도입할 때는 옛 컴퓨터를 매각 손실로 처리할 수 있기 때문에 이익규모를 줄일 수 있습니다. 자산이 줄어들기 때문입니다.

한번 생각해봅시다. 석유의 발견으로 산업혁명이 일어났습니다. 그리고 이 산업혁명은 15년 만에 끝났습니다. 증기기관과 자동차의 발명으로 물류혁명이 일어났습니다. 이 물류혁명도 15년 만에 끝났습니다. 물류혁명의 시대에 살면서 자동차 구입에 투자한 회사는 성장했지만, 계속해서 말이나 리어카를 사용한 회사는 쇠퇴했습니다.

1991년 이후에는 통신혁명이 일어났습니다. 컴퓨터, 인터넷, 휴대전화가 보급되면서 아날로그에서 디지털로의 혁명이 일어난 것입니다. '전화는 라인, TV는 전파'라는 비즈니스 모델에서 탈피해, '전화는 전파, TV는 케이블'이라는 비즈니스 모델로 크게 바뀌었지요. 개인적으로 통신혁명은 15년 후인 2006년에 끝났다고 생각합니다.

무사시노는 1994년부터 본격적으로 디지털화에 착수해 전용선 위주의 사고방식을 버리고 인터넷을 중심으로 한 시스템을 만들기 시작했습니다. 1993년, 일본에서 최초로 인터넷 세미나에 참가한 저는 강의 내용을 도무지 이해할 수 없었음에도 불구하고, 그다음 해에 회사 홈페이지 주소와 IP 주소를 취득했습니다. 업계도 무사시노가 처음 시도했다는 것을 인정하고 있습니다. 1994년에는 보이스 메일과 휴대단말기 '자우루스'를 도입했고,

2002년에는 사내 인트라넷을 구축하여 팩스는 모두 전자 데이터로 서버에서 관리하고 있습니다.

변화는 회사의 사정을 기다려주지 않는다

일단 수도를 틀어 물이 나오기만 하면, 그 물이 토네가와 댐의 물이든 오고치 댐의 물이든 상관없다고 생각할 수 있습니다. 그러나 물이 나온다는 사실에는 변함이 없지만, 실체인 인프라는 다릅니다. 안타깝게도 대부분의 사장들이 이를 알지 못합니다. 그렇기 때문이 물이 나오기만 한다면, 신기술을 도입할 필요가 없다고 낙관적으로 생각하는 것 같습니다.

그런데 버블 경제위기 이후 많은 기업이 도산한 이유가 무엇인지 아십니까?

해당 기업들이 변화된 비즈니스 모델을 따라가지 못했기 때문입니다. 새로운 인프라에 투자하지 않은 회사들이 경쟁력을 잃게 된 것이지요.

레코드가 없던 시절에는 라이브가 아니면 음악을 공유할 수 없었습니다. 에디슨이 레코드를 발명한 이후 레코드는 악단의 시장을 모조리 삼켜버렸습니다. 레코드가 판을 치고 있을 때, 이번에는 카세트 테이프가 등장했고 눈 깜짝할 새 레코드 회사들이 사

무사시노의 전산시스템 개발 내역

1984	업무의 효율화와 영업지원을 목표로 회사용 컴퓨터 도입
1985	본사에 콜센터 설치
1986	PC 도입
1994	홈페이지 개설
1994	보이스 메일 자우르스 도입
1995	PC 전사 도입 및 마이 툴에서 윈도로 변환
1995	사내 네트워크 WAN 구축
1996	LAN 관련의 인프라 정비
1996	파워 자우르스 도입
1997	회사 컴퓨터 버전 업그레이드
1997	인터넷 접속 인프라
1998	지점 내를 포함하여 거점 사이의 무선 LAN 도입
1999	PC 교환, 신규 도입
1999	i-MODE 도입 원조
2000	보이스 메일을 에브리 넷으로 이행
2001	싸이보우즈 도입, ADSL회선 부설
2002	다스킨 사업부 데이터 통합
2002	광 케이블 부설
2003	FAX시스템, IP전화 도입
2003	힘이 나는 시스템 도입
2003	데이터 네이처 도입
2004	자산관리 툴 도입
2004	액티브 디렉토리 도입
2005	보안 플랫폼 도입
2005	입퇴 관리시스템 IC카드 도입
2006	IBMi5 도입
2007	경리 시스템 도입
2008	듀얼 디스플레이, TV회의 시스템 도입
2008	프린트 서버 도입
2008	경리 업무 100% 전자화

라져버렸습니다. 그러나 얼마 지나지 않아 CD의 탄생으로 카세트 테이프가 버려졌고, 이제 CD는 인터넷을 통한 음원이 생겨남에 따라 고객을 잃어가고 있습니다.

    변화는 우리 회사의 사정을 기다려주지 않습니다. 변화는 우리 회사를 내버려두고 갑니다. 그렇기 때문에 시대에 발맞춰 그리고 고객의 사정에 맞춰 투자해야 합니다. 장기적인 관점에서 계획을 세우고, 5년 후 그리고 10년 후에도 회사가 망하지 않도록 노력해야 합니다.

**이익 사용법4:
직원 만족을 위해 투자한다**

고객보다 우선 직원을 만족시켜라

매년 꾸준히 성장하는 회사의 공통점은 무엇일까요? 직원의 만족도가 높다는 것입니다. 예외가 없지요. 이는 당연합니다. 직원도 만족시키지 못하는 회사가 고객 만족을 위해 노력할 리 만무하기 때문입니다. 직원 만족과 고객 만족은 자동차의 양쪽 바퀴와도 같습니다.

손님이 음식점에 들어갔을 때, 즉시 주문을 받으러 오는 점원과 좀처럼 오지 않는 점원의 서비스를 받는 고객의 만족도는 어느 쪽이 높을까요? 당연히 바로 주문을 받으러 오는 점원에게 서비스를 받는 손님이겠지요. 바로 주문을 받으러 온다는 것은 그 점원에게 일에 대한 의지와 열정이 있다는 것입니다. 이 의지와 열정은 하는 일에 만족하고 있을 때만 생깁니다. 결국 고객 만족도를 올리는 것은 직원입니다. 따라서 고객 만족보다 우선 직원 만족도 향상을 위해 노력하는 것이 옳습니다.

일전에 미국 항공사를 이용할 일이 있었습니다. 비행 중 객실 승무원이 다른 승무원과 쓸데없는 수다를 떠는 모습이 신경에 거슬렸습니다. 그 승무원에게서는 일에 대한 의욕이 전혀 보이질 않았습니다. 그로부터 3일 후 그 항공사는 도산했습니다.

대부분의 사장은 직원 만족보다 고객 만족을 우선으로 생각합니다. 그러나 그것은 잘못된 생각입니다. 자신의 일에 만족하지 못하는 직원이 고객에게 보다 나은 서비스를 제공할 수는 없습니다.

이처럼 직원 만족은 고객 만족과 맞먹을 정도로 중요합니다. 그렇다면 어떻게 해야 직원의 만족도를 높일 수 있을까요?

직원의 가장 큰 관심사는 급여와 인사입니다. 따라서 급여와 인사를 사장의 호불호에 따라 정해서는 안 됩니다.

무사시노는 과장직 이상인 직원의 '360도 평가'에 따른 투표로 직원 서열을 정합니다. 승급, 승진에 대해서도, '얼마의 이익을 달성하면 얼마의 승급'과 같이 명확한 기준을 정했습니다. 그렇기 때문에 평등하고 또 그래서 직원들의 불만이 없습니다.

직원 만족도를 높이기 위한 또 하나의 방책은 직원에게 비전을 심어주는 것입니다. 경영계획서에서 '5년 후 매출을 두 배로 증가시킨다'라고 씌어진 부분을 읽으면 직원들은, '5년 후에 매출이 두 배가 된다면 부장이나 과장의 숫자도 두 배가 될 거야. 그럼 나한테도 승진의 기회가 올 거고, 급여도 오르겠지?'라고 생각합니다. 현실적으로 자리가 두 배가 되는 경우는 없습니다. 하지만 직원들은 그렇게 생각하면서 꿈을 가지게 됩니다. 그리고 사람은 꿈이 있을 때 노력하게 됩니다.

우리 회사가 어떤 방침을 가지고 장기적으로는 어떻게 나아갈지를 알지 못하면 회사의 장래를 믿을 수 없습니다. 따라서 계획은 명확하게 세워야 합니다. 그것이 비록 예상에서 빗나가는 계획이 될지라도. 언제나 꿈은 필요합니다.

가장 큰 복리후생은 회사가 존속하는 것

예전에 무사시노의 직원 중 한 명이 제게 이렇게 말했습니다. "직원의 복리후생을 위한 테니스 코트가 있었으면 좋겠습니다. 회사의 온천시설이 있어서 법인 회원이 되는 것도 좋고요." 저는 그에게 물었습니다. "당신은 스키를 참 좋아하지. 그럼 내가 하나

질문하겠네. 만약 무사시노가 나에바 스키장을 갖게 된다면, 당신은 매년 나에바에만 갈 건가? 시가 고원이나 구사쓰 같은 다른 스키장에도 가고 싶지 않겠어?" 그는 "물론 여기 저기 다 가고 싶지요"라고 대답했습니다.

　가장 좋은 것은 직원이 좋아하는 스키장에 마음껏 갈 수 있도록 급여를 올려주는 것입니다. 꼭 엄청난 시설과 대단한 복리후생이 직원 만족으로 직결되는 것은 아닙니다. 결국 회사가 망하지 않는 것이 가장 큰 복리후생입니다.

09 차입금과 세금에 대한 생각을 결정한다

회사를 성장시키는 데는 빚이 필요하다

대부분의 중소기업 사장은 '무차입금 경영'을 목표로 합니다. 차입을 죄악으로 여기는 듯합니다. 그러나 일본의 세법상 무차입금은 있을 수 없습니다. 이익이 나도 세금으로 내야 하기 때문입니다(단, 변호사 또는 세무회계 사무소 같이 전문서비스를 하는 회사는 무차입 경영이 가능합니다).

만약 무차입금 경영이 옳다면 금융기관 대부분이 문을 닫을 겁니다. 그런데 지금처럼 금융기관이 많은 것은 아무리 우량회사라고 해도 차입금을 사용하고 있다는 명백한 증거가 아닐까요?

매출과 이익을 동시에 성장시킨 무사시노도 복수의 금융기관으로부터 돈을 빌리고 있습니다. 차입을 해서 현금을 돌리지 않는다면 무사시노도 살아남을 수 없습니다. 게다가 가진 자산만으로는 설비 투자를 할 수 없습니다. 따라서 회사가 일정한 규모로 성장할 때까지는 적극적인 차입이 필요합니다. 심지어 차입금이 없으면 사장과 직원이 나태해지는 경우도 있습니다. 차입금은 생동감 넘치는 사내 분위기를 위해서라도 필요합니다.

  현금은 회사 분위기를 밝게 만듭니다. 현금이 없다면 사장은 자금 융통에 신경을 빼앗겨 사업에 전념할 수 없게 됩니다. 직원들도 마찬가지죠. 좋은 평가를 받지 못한 직원이라고 해도 월급날이 되면 얼굴에 웃음이 가득합니다. 왜 그럴까요? 현금이 생기기 때문입니다. 이처럼 모두가 기분 좋은 회사를 만들기 위해서는 현금이 필요하며, 이를 마련하기 위해서라도 차입을 망설여서는 안 됩니다.

  아이치현에 위치한 메가네 플라자의 우에다 유사 사장의 선대 경영자는 10억 엔의 융자를 받았습니다. 그는 열심히 돈을 상환하는 것이 일을 하는 동기 부여가 되었다고 고백하면서, 변제를 끝냈을 때서야 '이제 안심할 수 있겠구나' 하며 안도했답니다. 회장은 "이제 돈을 빌리지 않을 것이다. 사내에서 모은 돈으로 돌리면 된다"고 결정했고, 우에다 사장이 사업을 이어 받은 후에도 무차입 경영이 지속되고 있습니다. 그러나 무차입 경영을 하게 되자, 사장은 물론 직원들도 수비태세에 들어가게 되었고, 그들은 "공격적으로 나갈 마음이 없어졌다"고 말했습니다. 경영이 나태해졌다는 반증이지요.

5개년의 장기경영계획을 세우지 않으면 아무 대책이 없으므로 앞으로 나아갈 수 없습니다. 우에다 사장은 '피땀 흘려가며 번 돈을 밖으로 흘리지 않아도 된다'고 깨달은 후, 은행 차입의 필요성을 느끼고 있습니다. 그는 차입금을 주로 교육에 투자할 예정이라고 했습니다. 지금까지는 인정안경사 양성교육(공익사단법인 일본안경기술자협회가 실시하는 검정 자격시험-옮긴이) 정도만 진행해 왔지만, 이제는 가장 큰 경쟁사와 차별화되겠다는 목표로 다양한 교육에 힘을 쏟고 있습니다.

우에다 사장이 무사시노를 모델 삼아 환경 정비제도와 아침 스터디를 도입한 것도 교육의 일환입니다. 서비스업은 사람이 양성되지 않으면 살아남을 수 없기에 교육 투자가 필수입니다.

금융기관에 지출하는 금리는 필요경비다

은행으로부터 돈을 빌리면 대출금리가 나갑니다. 사장들은 대개 이렇게 나가는 금리가 아깝다는 이유로 차입을 망설입니다.

그러나 이 생각은 틀렸습니다. 회사 경영에 있어서 중요한 것은 금리가 아닌 금액이기 때문입니다.

금리를 지출하더라도 차입금을 빌리는 것이 옳습니다. 돈이 없으면 설비 투자를 하는 것도, 경쟁사와 격차를 벌이는 것도, 고객만족도를 높이는 것도, 직원에게 급여를 주는 것도 할 수 없습니다. 따라서 금리는 회사를 강화하기 위한 필요경비라고 생각해야 합니다. 금리나 무차입 경영에 대한 저의 생각은 저서 《무담보로 16억 엔 빌리는 고야마 노보루의 실전은행 교섭술無担保で16億円借りる小山昇の実踐銀行交渉術》에서 상세하게 다룹니다.

👤 세금도 회사를 성장시키기 위한 필요경비

세금도 금리와 마찬가지로 회사를 성장시키는 데 반드시 필요한 경비입니다. 많은 회사가 "절세, 절세, 절세!" 하며 기를 쓰고 있지만, 절세라는 것은 일정 규모까지 성장한 회사가 하는 것입니다. 매출 5억 엔에 이르지 못한 회사는 절세를 생각할 여유가 없다는 것이 제 지론입니다. 매출이 5억 엔이 되기 전까지는 절세보다 돈을 버는 일에 매진해야 합니다. 회사가 성장하고 있을 때에는 부채가 늘어도 신경 쓰지 말고 오로지 매출총이익액을 증가시키도록 노력해야 합니다.

사람은 처음에는 키가 큽니다. 옆으로 퍼지는 것은 나중의 일이죠. 다이어트는 키가 다 크고 난 후에 하면 됩니다. 회사 경영도 마찬가지입니다. 초기 매출이 5억 엔 이상이 될 때까지는 매출을 올리는 것만 생각하세요. 그후 옆으로 확장되기 시작하면 그때 절세를 해도 됩니다.

한번은 세무사가 제게 "고야마 사장님, 더 절세할 수 있습니다"라고 이야기했습니다. 그러나 사업을 해본 적 없는 세무사의 말을 액면 그대로 받아들일 수는 없었습니다. 세금은 내면 됩니다. 이익이 나면 세금을 제대로 납부하는 것이 옳습니다. 세금을 내면 나라의 세수가 늘어나는 것이기 때문에 좋은 일 아니겠습니까(물론, 그 사용법에 대한 토론은 별도의 이야기이지만요)?

요약 및 정리

- 이익 목표는 적당히 정하라
- 경영계획은 역산해서 정하라
- 5년 만에 매출을 두 배로 늘리는 계획을 세워라
- 지나치게 증가한 이익은 의도적으로 투자하라
- 투자할 때는 고객의 입장을 생각하라
- 변화는 회사의 사정을 기다려주지 않는다
- 고객보다 우선 직원을 만족시켜라
- 금융기관의 금리와 세금은 필요경비다

부록

고야마 노보루의 결산서 용어집

【결산서】

- 주된 보고서로, 손익계산서(P/L)와 재무상태표(B/S)가 있다.
- 경영의 실체를 파악하는 데에 매우 중요하다. 결산서의 진짜 의미를 꿰뚫을 수 있다면 자사의 경영 상태를 올바르게 이해하게 되어 적절한 대책을 세울 수 있으며, 회사를 점차 발전시킬 수 있다.
- 결산서에는 경상이익과 수익력, 매출액, 경비 밸런스, 내부유보, 자금 융통 등, 회사의 실체가 숫자로 시각화되어 있다. 즉, 사장이 어떤 경영을 하고 있는지가 숫자로 집약되어 있다.
- 은행으로부터 결산서 3분기 분을 보여달라는 요청이나 자회사의 결산서를 보여달라는 의뢰가 들어오면, 자금을 빌려줄 수 있다는 신호다.
- 결산서는 사장의 성적표라고 할 수 있다.

【경리 개혁】

- 경리에게 자금 관리를 계속해서 맡겨 둔 채로 진행하면 개혁은 이뤄지지 않는다.

【경비】

- 경비는 이미 성과가 나오고 있는 데나 성과가 날 곳에 사용한다. 그저 '좋은 일'이라고 해서 무조건 사용해서는 안 된다.
- 경비에는 공격적 경비와 수비 경비가 있다.
- 공격적 경비란, 신규 사업, 신규 출점, 신규 고객 유치를 위한 판매촉진에 사용되는 금액이다.
- 수비 경비란 기존 사업의 수익을 얻기 위한 인건비, 임원보수, 감가상각 등에 사용되는 금액이다.

- 만일 적자가 나도 공격적 경비 수준까지의 적자라면 이를 축소함으로써 기존 사업만으로도 이익을 올릴 수 있다.

【경상이익】
- 손익계산서에서 영업이익에 영업외수익을 더한 후 영업외비용을 뺀 것으로 계산된다.
- 이익 목표를 세울 때는 가장 먼저 경상이익을 설정하고, 다음으로 미래설계(역산)를 한다.
- 경상이익의 숫자는 적당히 정하는 것이 옳다. 사장이 '얼마 벌고 싶다'고 정하면 된다. 적자인 회사라면 경상이익이 '0'이어도 된다.

【경영계획서】
- 사장은 귀찮은 일, 형편이 여의치 않는 일은 하지 않는다. 다만 사장은 귀찮고 형편이 여의치 않는 일이라도 할 수밖에 없는 일에 대한 방침을 명문화해야 한다.
- 경영계획서는 마법의 문서다. 기록한 그대로 되기 때문이다.
- 경영계획서에는 사장의 자세가 드러난다. 사장으로서 회사가 어떠해야 하는지, 회사를 어떻게 만들어가고 싶은지를 정리한 것이기 때문이다.

【계정과목】
- 자산, 부채, 자본의 증감이나 수익, 비용의 발생을 기록하고 계산하기 위해 계정에 부여한 구체적인 명칭.
- 자금은 현금화하기 쉬운 순으로, 부채는 조달하기 쉬운 순으로 나열하는 것이 유리하다.

- 결산기말로부터 1년 이내에 현금화하기 쉬운 정도를 기준으로 1년 이내를 유동, 1년 이상을 고정이라 한다.

【고객용 선물, 연말 선물】
- 사장 및 부장의 영업활동. 무사시노에서는 영업이익이 많은 순으로 방문처를 정한다.
- 고객을 차별하지 않지만, 구별한다.

【고정비】
- 매출이 있든 없든 발생하는 비용. 매출의 증감과 상관없이 기간에 비례해 지출된다.
- 인건비, 경비, 감가상각비 등이 해당한다.

【고정자산】
- 결산기말로부터 1년 이내에 현금화하기 어려운 자산. 유형고정자산은 감가상각이 발생한다.
- 장기간에 걸쳐 사용되는 자산. 건물, 기계, 토지 등의 유형고정자산과 특허권, 저작권, 상표권, 영업권 등의 무형고정자산이 있다.

【과거의 숫자】
- 과거와 타인은 바꿀 수 없다. 바꿀 수 있는 것은 미래와 자신뿐이다.
- 과거의 숫자를 보며 미래의 목표를 정하는 것이 아니라, 미래의 목표(이익 목표)를 생각하며 지금 해야 할 일을 정한다.

【금리】
- 금융기관에 지출하는 이자는 필요경비다. 어느 정도 금리를 지출하더라도 현금을 빌리는 것이 옳다.

- 정해지는 금리는 그 회사의 신용등급이자 업적이다.

【급여】
- 직원들의 가장 큰 관심사. 직원의 급여를 사장의 호불호로 결정해서는 안 된다.
- 회사 또는 부서의 이익 목표를 올리는 것 또한 직원의 급여를 올리기 위해서다. 부서의 이익이 증가하면 직원의 급여 또는 상여가 올라가며, 부서의 이익이 감소하면 직원의 급여 또는 상여가 줄어든다.
- 급여체계는 자주 바꾸지 않는다. 다만 바꿔야 할 때는 최소 6개월 전에 명시한다.

【달성률】
- 달성률이 아무리 높아도 매출총이익이 경비를 웃돌지 않으면 경영이 어렵다.
- 달성률로 직원을 평가하면, 우수한 직원일수록 목표를 낮게 설정하게 된다.

【돈】
- 들어오는 것이 아니라, 나가는 것이다. 돈이 없다는 것은 필요가 없기 때문이다. 필요하면 들어온다.
- 돈은 회사의 혈액과 같아서 멈추면 도산한다.

【매출】
- 시장에서의 회사 지위를 의미한다. 매출이 높을수록 그만큼 고객으로부터 인정을 받고 있다는 뜻이다.
- 매출이 아무리 높아도 매출총이익이 낮은 상태가 지속된다면 회사가

기울 수밖에 없다. 매출이 높으면, 매출총이익이 따라 온다는 생각은 잘못됐다.

- 매출로 직원을 평가하면, 직원은 이익을 도외시하여 상품을 할인하게 된다.
- 매출을 올리는 가장 빠른 길은 고객의 숫자를 늘리는 것이다.

【매출총이익】
- 매출에서 매출 원가를 뺀 숫자.

【매출총이익액】
- 회사의 실력을 의미한다. 매출이 높아도 매출총이익액이 인건비 등의 고정비를 밑돌면 적자가 된다.
- 상품을 할인할 경우에는 매출총이익이 고정비를 웃돌게 만든 뒤, 할인율을 정해야 한다.
- 매출 100억 엔에 매출총이익액이 15억 엔인 A사와 매출 30억 엔에 매출총이익액이 21억 엔인 B사가 있다면, 둘 중에 B사의 실력이 더 좋은 것이다.

【부실 회사】
- 관리자가 많은 회사.

【부정】
- 부정을 저지른 사람도 나쁘지만, 부정이 가능한 구조를 만든 것도 잘못이다.

【분류】
- 계정분류는 경리가 아닌, 구매한 사람이 한다.

- 계정과목을 올바르게 입력하는 것보다 금액을 올바르게 입력하는 것이 더 중요하다.

【사장】
- '숫자'가 옷을 입고 걸어 다니게 된 사람.

【새로운 일】
- 장기경영계획(5년 만에 매출을 두 배로 증가시키는 계획)을 달성하기 위해서는 지금까지와 같은 방법만으로는 불가능하다. 새로운 일(새로운 수법이나 새로운 사업)을 시작할 수밖에 없다.
- 새로운 일에 도전하면, 반드시 잃는 것이 있다.
- 사람은 잃는 것을 먼저 생각하며 새로운 일로부터 얻을 수 있는 성과에는 쉽게 눈을 돌리지 않는다.

【설비 투자】
- 제조업의 경우, 새로운 기계에 투자하는 것이 고객 확보로 이어진다.
- 설비 투자는 장기차입금으로 마련하는 것이 건전하다.
- 적자가 흑자로 바뀐 다음 해 또는 갑자기 큰 이익을 얻은 다음 해는 세금과 예정납세 때문에 돈이 부족하게 되므로 설비 투자를 해서는 안 된다.

【세금】
- 회사를 성장시키는 데 필요한 경비.
- 절세는 일정 규모까지 성장한 회사가 고민할 일.
- 매출 5억 엔 이하의 회사는 절세보다 우선 돈 버는 일부터 생각해야 한다.

- 5년 만에 매출을 두 배 이상 증가시키고 싶은 회사는 차입금을 증가시키는 것이 기본이다. 금리를 지출해서라도 빌린다.
- 무어음은 옳지만 무차입금은 틀렸다.

【세무 조사】
- 공짜로 자사의 실체를 밝혀준다.
- 자사의 내부감사라고 생각한다.
- 경리의 부정을 엄격하게 확인해야 한다.

【손익계산서】
- 1년간의 실적을 정리하여 얼마를 벌었는지, 얼마를 손해봤는지 알기 위한 결산서.
- 얼마의 매출이 올랐고, 경비를 얼마 사용했는지, 최종적으로 이익(손실)이 얼마인지가 정리되어 있다.
- 손익계산서의 이익은 견해에 불과하다.
- 손익계산서상에는 현금과 관련된 계정과목이 하나도 없다. 따라서 수중에 현금이 얼마나 있는지를 파악하기 위해서는 재무상태표를 봐야 한다.

【손익분기점】
- 수익과 비용이 같아져서 손익이 '0'이 되는 매출액을 말한다. 이익도 손실도 나지 않는 지점.

【숫자】
- 숫자는 그 자체가 언어다. 객관적으로 사물을 볼 수 있게 한다. 숫자는 거짓말하지 않는다.

【시장】
- 시장에는 고객과 경쟁자만 있다. 고객은 회사에게 있어 가장 중요한 사람이며, 경쟁자는 어떻게 해서든 이겨야 하는 상대다.
- 상품 또는 서비스의 적정 가격은 시장(고객과 경쟁자)에 의해 정해진다.

【신규 개척】
- 기존 고객만으로는 전년도 실적을 겨우 메꿀 수 있을 뿐 회사를 성장시키기 힘들다.

【액】
- 회사의 숫자는 비율이 아닌, 금액으로 생각한다.
- 회사는 규모를 확대하거나 설비 투자를 할 때, 경쟁사와 차이를 벌일 때 모든 매출, 매입, 경비를 금액으로 경영한다.

【역산】
- 경영이란 수단으로부터 목표를 생각하는 것이 아니라, 목표로부터 수단을 역으로 계산하는 것이다.
- 결혼 일정이 정해져야 식장의 위치나 청첩장 돌리는 날이 정해진다. 경영도 마찬가지다.
- 과거로부터 계산하는 것이 아니라, 미래로부터 계산한다.
- 경영계획이란 경상이익이 얼마이므로 이를 얻기 위해서 경비는 얼마가 필요하고 매출은 얼마를 내야 하는지를 거꾸로 계산해나가는 것이다.

【영업이익】
- 기업의 주된 영업활동을 통해 발생한 이익이다.

- '경상이익 + 영업외비용 − 영업외수익'으로 계산한다.

【유동자산】

- 결산기로부터 1년 이내에 현금화가 가능한 예금, 매출채권 등

【은행】

- '맑은 날에는 우산을 빌려주고, 비 오는 날에는 우산을 뺏는다'는 말은 맞다.
- 은행의 불량한 고객은 도산하는 것이 마땅하다.
- 은행은 중소기업의 비즈니스 파트너다.
- 회사가 곤란할 때 도와주는 것이 은행이다. 회사를 버릴 수 있는 것도 은행이다.

【은행 교섭】

- 은행과 교섭하는 사람은 회사의 경리 실무를 담당하지 않는 사람일수록 좋다. 회사의 숫자를 직접 보는 사람은 회사 자금이 얼마나 있는지 낱낱이 알고 있으므로 얼굴에 드러나기 때문이다.

【은행 방문】

- 은행으로부터 돈을 빌리면 그 돈이 어떻게 사용되는지를 보고해야 한다. 정기적으로 은행에 방문해 매출, 경비, 이익, 차후의 사업 전개 등에 대해서 보고한다.
- 정기적으로 은행을 방문하는 회사는 숨기는 것이 없다는 것을 은행도 안다. 정기적인 보고야말로 은행의 신뢰를 얻을 수 있는 최상의 방법이다. 단, 보고는 20분 안에 끝내는 것이 좋다.

【이연자산】

- 개발비처럼 머지않아 매출 증가를 가져올 예정이지만 당장은 현실화되지 않았으므로 발생한 비용을 자산처리한 것을 말한다.
- 지출된 비용의 효과가 미래에 발생할 것으로 예상되는 경우에는 전액을 당기 비용으로 생각하지 않고, 수년에 걸쳐 분할하여 상각해도 된다.

【이익계획】

- 가능한 한 많은 이익을 내는 것을 목표로 한다.
- 이익 목표는 비율이 아닌 금액으로 생각한다.
- 이익 목표와 실적을 비교했을 때 이익 목표보다 실적이 적거나 많은지를 가설하거나 검증할 수 있으면, 다음 단계의 대책이 보인다.

【인건비】

- 회사에서 일하는 사람에게 드는 비용. 급여, 복리후생비, 모집비, 교육비 등의 합계 금액.
- 100%에 가까운 확률로 달성할 수 있다. 회사에서 가장 큰 경비다.
- 매출총이익의 50%보다 적은 것이 적정하다.
- 인건비를 낮추지 않아도 1인당 업무량을 늘리면 실질적인 비용절감으로 이어진다.

【인격자】

- 경영에 있어서 인격자란 인간성이 뛰어난 사람이 아니라, 숫자를 올리는 사람, 숫자로 이야기가 통하는 사람을 의미한다.

【자금 운용】

- 의도적으로 재무상태표의 계정과목을 바꾸는 것이다. 사장이 재무상

태표에서 은행평가에 유리한 방식으로 숫자를 조정하지 않으면 자금 융통이 어려워진다. 자금 융통은 회사가 망하지 않게 하기 위한 사장의 방침이며, 자금 운용을 하면 회사의 신용등급이 올라간다.
- 자산은 상위에 표시되는 계정과목 쪽으로 숫자를 이동시킨다(현금화가 쉬운 자산 증가).
- 부채는 하위에 표시되는 계정과목 쪽으로 숫자를 이동시킨다(장기방식 자금 조달 증가).

【자금 융통】
- 아무리 이익이 많이 나도 매출만 증가하고 자금회수가 안 되면 자금이 압박된다.

【자본금】
- 회사의 규모 또는 비전을 판단하는 잣대 중의 하나. 중소기업은 사장 또는 내부에서 조달하는 것이 좋다.

【자산】
- 수입을 얻기 위한 자원이 되는 것. 자산을 가지고 있으면 수입을 얻을 수 있다.
- 건강, 다양한 기술, 인맥, 신용과 같이 진짜 중요한 자산은 본래 눈에 보이지 않는다.
- 개인 또는 법인이 소유하는 현금, 예금, 토지, 건물 등을 총칭하는 말.
- 재무상태표상의 유동자산, 고정자산, 이연자산.

【장기경영계획】
- 5개년의 장기경영계획을 수립한 후에 5개년의 자금운용계획을 작성

하고, 5개년의 재무분석을 한다. 그리고 5년 후로부터 역산해나가면 지금 무엇을 해야 하는지, 이번 기에 무엇을 해야 할지를 알 수 있다.
- 장기경영계획은 5년 후에 어떻게 하고 싶다는 사장의 생각을 나타내는 것이며, 오늘의 결정을 위해서도 필요한 계획이다.

【장기차입금】
- 지급어음이나 외상매입금보다 장기차입금이 클수록 신용도가 인정된다.
- 급한 변화에 대응할 수 있기 때문에 안정적인 경영이 가능하다.
- 고정자산은 장기차입금으로 마련하는 것이 옳다.

【재고】
- 1년 이상 팔리지 않은 재고는 깔끔하게 정리하는 것이 좋다.
- 재고는 팔리지 않은 재산이므로 금리 부담의 증가로 이어진다.
- 재무상태표에서는 자산에 해당하지만, 사실은 자산이 아니라 '사산死産'이다.
- 팔리지 않는 상품을 처분하면 같은 금액만큼의 재고에 대한 부담이 감소된다.
- 3일 안에 조달할 수 있는 것은 재고로 만들지 않는다.

【재고 조사】
- 상품의 수량 또는 금액을 확인하는 일.
- 월말까지 알 수 없는 숫자는 재고뿐이다.
- 재고를 정리하는 것은 실물의 숫자와 장부상의 숫자와의 오차를 알기 위해서다. 재고 조사는 월말에 하는 것이라는 생각은 단순한 고정

관념이다.

【재무상태표】

- 결산일 현재 회사의 재산 상황을 정리한 표. 과거 대차대조표와 동일하다.
- 자본금이나 이익잉여금(순자산)이 얼마나 있고, 얼마의 돈을 빌린 상태(부채)이며, 어떤 식으로 운용되고 있는지(자산)를 나타낸다.
- 우측에 표시된 순자산과 부채를 합한 금액과 좌측의 금액인 자산이 같은 액수가 되어야 균형이 잡힌다. '밸런스 시트Balance Sheet'라고 불린다.
- 재무상태표의 숫자는 현실이다. 현실이란 현금을 의미한다.

【적자】

- 회사가 적자를 내는 것은 사장이 '적자가 되어도 좋다'고 결정했기 때문이다.
- 적자 경영이라도 현금이 돌고 있다면 회사는 도산하지 않는다. 따라서 사장은 수중에 현금이 얼마나 있는지를 항상 파악해둘 필요가 있다.
- 무사시노에서는 2년 연속 적자를 내면 부서장이 교체된다.
- 고야마 노보루는 적자가 되지 않도록 빨간 것을 멀리 한다. 토마토, 자색 무우 절임도 먹지 않으며, 빨간색 펜도 꼭 필요할 때만 사용한다.

【조명 사업부】

- 1993년에 시작한 무사시노의 사업(조명기구 판매).
- 외상매출금 회수와 관련해 자금의 현금화가 늦어져 좀처럼 돈이 들어오지 않았다. 팔리면 팔릴수록 자금 융통이 어려워져 어쩔 수 없이

철수했다.

【지급어음】

- 어음 대출은 어음용지에 금액을 써서 도장만 찍으면 자금이 되는 시스템이므로 자금 조달에는 용이하지만, 만기일이 되면 절대 기다려 주지 않는다.
- 회사는 적자여도 도산하지 않을 수 있으나 어음은 결제되지 않으면 흑자여도 도산할 수 있다.
- 발행해야 할 때는 반드시 지급받을 금액만큼만 발행한다. 120일 이상은 발행하지 않는다.
- 지급어음을 발행하고 있는 적자 회사의 사장은 자금 융통에 쫓겨 사업에 전념할 수 없다.

【차입금】

- 가능한 한 장기로 빌린다. 금리가 다소 높아도 빌리는 것이 중요하다.
- 차입은 죄가 아니다. 회사가 일정 규모로 커질 때까지는 차입이 필요하다.
- 무차입금만 고집하면 큰 설비 투자를 할 수 없다.
- 차입금이 없으면 회사에 생동감이 사라진다. '차입금이 없으므로, 우리 회사는 안전하다'는 생각이 오히려 회사를 나약하게 만든다.
- 은행은 과거의 실적을 중요시하기 때문에 '무어음, 유차입금'인 회사가 가장 큰 신용을 얻게 된다.
- 지나치게 많은 빚은 위험할 수 있다. 1억 엔의 원금변제를 하기 위해서는 3~5억 엔의 경상이익이 필요하다.

【판매촉진비】
- 고객의 숫자를 늘리는 데 사용한다. 사용하지 않으면 혼나야 하는 경비다.
- 1년 이내에 성과와 정비례하는 비용. 1년 후 투자한 금액만큼의 매출 총이익액이 증가하면 된다.
- 이 비용을 너무 많이 줄이게 되면 실적 악화로 이어진다.

【합리화】
- 불필요한 일을 버리고, 어떻게 되든 상관없는 일은 하지 않는 것.

【현금】
- 사람 몸을 도는 피와 같아서, 현금 흐름이 멈추면 회사는 도산한다.
- 경영은 현금으로 시작해서 현금으로 끝난다.
- 현금은 현실이며, 이익은 견해에 불과하다.
- 자금회수는 외상매출금보다 현금으로 한다. 현금화하기 쉬운 자산을 늘려나가면 흑자 도산을 막을 수 있다.

【환경정비】
- 환경정비란 단순한 청소가 아니라 회사의 문화다.
- 청소를 통해 한 회사에서 일하는 사람들끼리 소통하며, 직장의 생활이나 사고방식에 대해 생각하는 습관을 들일 수 있다.
- 업무를 하기 편하도록 환경을 정리하고 준비하는 것이 환경정비의 목적이다.

옮긴이

정중용

특허·마케팅·M&A·기업금융전문가이자, 현재 태성회계법인 이사. 소프트웨어 개발회사를 창업해 1980년대 중반 기업의 업무전산화에 기여했으며, 컴퓨터 하드웨어 유통회사 경영, 자동차 검사·정비장비 회사에 일반 직원으로 입사하여 CEO를 역임하는 등 20년 이상 성공적으로 기업을 경영했다. 특히, 특허와 마케팅 분야에 관심을 가지고 영상블랙박스표준화 포럼 의장, 경기도 Happy CEO 클럽 표준특허위원회 의장 등을 맡아 중소기업의 기술관리와 마케팅 능력 향상을 위해 노력했다. 기업을 경영할 당시 마케팅과 기술에만 치중해 경영 관리를 소홀히 한 탓에 어려움을 겪기도 했으나, 이를 통해 시스템화된 경영 관리만이 기업의 이익창출을 가능하게 하는 기업 수명연장의 핵심이라는 생각을 하게 됐다. 지금은 기업의 CEO들이 제대로 된 경리·회계·세무·자금 업무 시스템을 통해 기업의 이익을 극대화하고 매출을 올릴 수 있도록 돕고 있다.
e-mail : James.JY.Jeong@bizcares.com

심재용

공인회계사(한국.미국)이자 세무사이며, 현재 태성회계법인 이사. 중소기업 경리팀에서 사회생활을 시작해 기업을 더 깊이 이해하기 위해 회계사의 길을 선택했다. 기업들의 평균수명을 10년 더 연장시키는 데 공헌하겠다는 마음가짐으로 회계사로서 15년 넘게 일해오고 있으며, 중소기업 경영자, 실무자에게 세무와 회계 지식을 쉽게 알려주는 등 교육에도 앞장서고 있다. 안건회계법인을 거쳐 GE코리아, AIG손해보험 재무부서에서 재직했고, 한국여성경제인협회 서울지회 감사와 한국코치협회 비즈니스 전문 인증코치(KPC)로도 활동하고 있다. 저서로 《장사란 무엇인가》, 《TESAT 시사경제》(공저)가 있다.
e-mail : jy@bizcares.com

돈 잘 버는 사장의 숫자 경영법

2014년 9월 10일 초판 1쇄 인쇄
2014년 9월 15일 초판 1쇄 발행

지은이 | 고야마 노보루
옮긴이 | 정중용 심재용
발행인 | 이원주
책임편집 | 박나미
책임마케팅 | 조용호

발행처 | (주)시공사
출판등록 | 1989년 5월 10일(제3-248호)
브랜드 | 알키

주소 | 서울시 서초구 사임당로 82(우편번호 137-879)
전화 | 편집(02)2046-2896 · 마케팅(02)2046-2800
팩스 | 편집(02)585-1755 · 마케팅(02)585-1755
홈페이지 | www.sigongsa.com

ISBN 978-89-527-7196-4   13320

본서의 내용을 무단 복제하는 것은 저작권법에 의해 금지되어 있습니다.
파본이나 잘못된 책은 구입한 서점에서 교환해 드립니다.

알키는 (주)시공사의 브랜드입니다.